親業トレーニング

近藤千恵編　久保まゆみ

駿河台出版社

はじめに

今この本を本屋の書棚から抜き出して頁を繰り始めたあなた、あなたは心理学科の学生さん？それとも「カウンセリング」に興味や関心がある他学部の学生さんか社会人？いずれにしても、「カウンセリング」というものに興味をお持ちで、いろいろ学んでいらっしゃる勉強熱心な方なのでしょうね。でも、学び始めてそんなに日がたっていない方であれば、特に現場をもたれていない方やお子さんをおもちでない方であれば、「親業」という言葉は聞きなれていらっしゃらないかもしれませんね。少なくとも、今まで学ばれたカウンセリングの本やテキストには出てこなかった言葉として、戸惑われているかもしれません。

「親業」は、「カウンセリング」の一手法や一心理療法ではありません。コミュニケーションスキルプログラムであり、親教育プログラムです。

その分野では、日本では最もパイオニア的な存在といえるでしょう。

それが「カウンセリングシリーズ」の中にとりあげられた、ということは、何を意味するのでしょうか。

親業は、コミュニケーションスキルの学習、訓練によって、人間関係の再構築を援助するものです。しかし、それだけでは終わらず、コミュニケーションスキルを学ぶことが、自分自身を見直すことにつながり、ひいては自分が主役となって、自分自身の人生を生き直すことにつながります。この本の中でも、親業を学ぶことが、自分を理解し、自分を変え、自主的行動を発展させていくような力が自分の中にあることに気づくことにつながり、結果的に自己実現を援助された方々を何人もご紹介していきます。

親業が「カウンセリングシリーズ」の中に入る、ということは、単なるコミュニケーション技術にとどまらない、その効果が認められ、評価された、と感じます。

実際、親業訓練インストラクターとして講座をしていると、コミュニケーションが変わることが、人間関係を変える、時としてそれが受講生自身の生き方を変える、そうした、大なり小なりの変化が受講生に起こるのを何度も目の当たりにすることになります。ある意味で「奇跡」といってもいいような大きな変化に出会うこともあります。ですから、講座をやればやるほど、「この方法があらゆる臨床現場で生かせたらいいのに」と願わずにはいられないのです。本書では数多くの事例をご紹介していま す。親業をはじめいろいろな講座に関わった方々の例ですが、全て仮名です。事例は親業訓練協会が発行している「おやぎょう」「教師学ニュース」「看護ふれあい学ニュース」、また講座に参加した方の書かれる欠席を補うための論文から引用させていただきました。本質を変えない範囲で、状況を変えているものもありますが、受講する方々の生の声が反映されていることが、本書の大きな力となっています。

親業訓練インストラクターの背景は様々です。臨床心理士、産業カウンセラー、保健センターの幼児相談、スクールカウンセラーといった臨床現場をもつ人もあれば、教師、医師、介護士、専業主婦の人もいます。

臨床現場をもつ人は、親業が臨床家にとって大きな拠り所になっているという感じをよく口にします。もちろん援助を必要とする人たちの手助けになるのはいうまでもありません。

「カウンセリング」に関心を持ち、学ばれている方々にも、是非親業を知っていただきたいと願います。

親業は今のあなた自身を振り返ったり、あなたの人間関係を見直すきっかけになるかもしれません。

あなたが臨床現場に立たれる時の大きな武器になるかもしれません。

親になられた時の拠り所になるかもしれません。

親業はあなたにとって、一生を通じて付き合える親友のような存在になるかもしれません。

この本があなたと親業とのそんな出会いのきっかけになってくれたら、これにまさる喜びはありません。

目次

第一章

親業の方法

第一節　コミュニケーションを学ぶということ

〈親子の間に横たわる溝〉

私たちのまわりの親子を見回してみましょう。

近くの公園で、児童館で、乳幼児の子どもとお母さんの姿をみかけます。そこでは、どの子もちょっと転んでも、おもちゃをとられても、「ママ、ママ」と母親のそばに駆け寄って、母親の胸で安らぎを得ています。ほほえましい、信頼しあった親子の姿がそこにあります。

一方、一〇代ともなると、子どもたちは、口々に親を「ウザイ！」と煙たがります。中学校の相談室には親に対する腹立ちや疎ましさをきつい言葉で吐き出さずにはいられない多くの生徒が訪れます。中には、「『アイツ』（母親）を殺してやりたい」とまで極言する生徒もいるのです。親を心底憎いわけではない、親の気持ちもわからないわけではないのかもしれません。それでもなお、親が嫌い、憎らしいと感じてしまうのです。

一〇代の子どもの、親への疎外感はこんなデータにも現れています。

最近のTV番組での報道特集における、「犯罪を犯したり、犯罪の被害にあった時に誰に相談しますか？」という問いに対する答えです。約七〇〇名の一〇代が「友人三九％、父四％、母二八％、先生七％、誰もいない二三％」と答えているのです。この数字は、信頼できる大人の誰かを頼り、誰かに相談したいに違いない、危機的状況の時でさえも、親を信頼できる相談相手と考える一〇代が、(父と母を合わせても)三分の一にすぎない、ということを示しています。(1)

私たちはこれらのことから、子どもが乳幼児のころ、あれほど親密で濃厚な親子関係が、わずか一〇年ちょっとの間に、つまり子どもが一〇代になるころには、深い溝を感じさせる危ういものに変質してしまっていく可能性があるのだ、ということに気づかされます。

「ママ、ママ」と慕い、些細なことでも訴えていた幼児期と、「親になんて、ゼッタイ本音を話さない！」と言い切る一〇代と、この落差は、いったいいつから、どこでどうやって、生まれてくるのでしょうか。

無論、こうした状況を親が意識して作りだしたはずはありません。親の愛情が足りなかったというのは、結果についての発言でしかないように思います。

親を対象に、「子どもとのコミュニケーションのとり方」を教育・訓練するのが親業訓練講座ですが、その講座を受けた人の感想が掲載されている親業訓練協会の機関紙「おやぎょう」には、親のこんな生の声がつまっています。親の思いはあふれるほどあるのに、それが子どもに伝わらない苦しさを訴える親の言葉です。

私は末っ子の中三の息子と、普通の会話ができない状態でした。何かいうと「うーん」とか「うるさい」とか、何か話そうとしても、すぐに怒鳴り合い。どうしようもなくて、私は「勉強しなさい」「〇〇しなさい」と一日一回はいわなきゃだめだと思って、一生懸命言ってたんです。親はこんなに思っているのよ、とわかってほしかった。でも、全く不毛でした。かわいい息子が、なんでこんなふうになったんだろうって、悲しかったです。

（前原静子さん四五歳）

娘（高一）のことがとにかく心配で、「ああしなさい」「こうしなさい」と、いっていました。私の敷いた路線通りやればうまくいくと信じて、レールに乗せようと必死だったんですが、全部子どもに蹴られました。力ずくでいうことをきかせようとすると、娘も力ずくで抵抗してくる。これでは性格が歪んでしまうと不安にかられました。

（狩野和子さん四〇歳）

中学校の相談室でも、親業の講座の中でも、どれほど多くの場面で、同じような親の嘆きを聞くことでしょう。

親は子どものためを思っているのに、それが伝わらないのです。子どもを愛しているのに、それが理解されないのです。

親が子どものためによかれと思う熱い思いを、精一杯注ぎ続けてきたつもりの結果が、「親になんて、ゼッタイ本音を話さない！」という子どもからの拒絶を生んでいるとしたら、それは、親の愛情が子どもに「愛情」として伝わっていないからに他なりません。子どもにとって「愛情」として理解できていないのです。

これは、親子の間でのコミュニケーションに問題があるからだ、といえます。親の愛情がないのではありません。愛情はあるのです。しかし、それが愛情として子どもに伝わらないことが親子の間に憎悪すら生み、社会的な問題をひきおこすところにまでいたってしまうことがあるのです。

日本弁護士連合会では、子どもが非行に走る背景には、どんな原因が潜んでいるのかをアンケートにより調査しました(2)。罪を犯した少年約五〇〇人とその親を対象にしたものです。その中で、親が「厳しくしつけた」といい、子は「虐待を受けた」と答えた組み合わせに、子どもの問題行動の割合がより高かった、という結果がでています。「愛情をかけていると親は思っても、子どもには伝わっていない事例が目立った。しつけ不足で非行が起きると声高に叫ばれているが、子どもが『虐待を受けた』と思ってしまうほどの親のしつけの行為は、かえって非行を招いている」と弁護士たちは結論づけています。親の思いの表現と、子どもの理解、受けとめ方との間にギャップがあることが問題行動を生んでいるのです。

親がどんなに子どもを愛していても、それが、子どもに伝わらなければ意味がないのです。それどころか、場合によっては逆効果を招くことさえある、ということをこのアンケート結果が示しています。

親も子も、互いの思いを上手に伝え合うことができない、つまり、コミュニケーションがうまくとれていないことが、このアンケートから見えてきます。

〈社会的背景〉

「今」という時代が親子のコミュニケーションを難しくしている部分は確かにあり

ます。

親子のコミュニケーションを難しくしている昨今の社会的背景を考えるならば、次のようなことがあげられるでしょう。

1）核家族化の影響

過疎化する地方でも、過密化する都会でも、一家族の構成人数は減ってきており、一世帯の子供の数は二人を割り込むまでになってきています。

大家族、拡大家族であれば、子どもの数、すなわち子どもにとっての兄弟の数は多く、祖父母の他にも傍系家族である父や母の兄弟、姉妹、すなわち子どもにとっての伯叔父母が一緒に生活しています。これらの拡大家族と比較すると、現代の核家族では、何といっても子どもの家庭内での人間関係の数と種類が貧しくなっています。コミュニケーションの能力にも差があって当然です。さらに、年上の兄弟や叔父叔母といった存在が、「おやじはああいっているけど、その本心はこうなんだよ」とか、「ともかくおやじに謝っておけ。お前の気持ちは俺が伝えておくから」等と仲介役を果してくれていたところがあったのでしょうが、今はそういう存在をほとんどあてにできません。

親の思いを子どもに通訳し、子どもの思いを親に代弁する仲介的存在を期待することはできない現在においては、親自身が親の思いを子どもにダイレクトに、しかも正確に伝えていかなければ、誤解は誤解のまま終わってしまう可能性が大きいのです。

同時に拡大家族では、親そのものも親として成長していく余裕が与えられていたことを忘れてはいけません。親として子どもを観察するのも、祖父母から学びつつ、日常の生活の中でも、他の人がわが子に接することで、助けられる場面が多々あり得たのです。

今は、子どもが生まれたらすぐに親のみで育てることが期待されています。親として学ぶ余裕も育つ余裕もありません。子どもと一緒に、自分をも親として育てなければならないのです。だからこそ、親であることをあらためて親が学ぶ必要があるのです。

2）減っている共同作業

また、現代は、家事の省力化に伴い、子どもが家族の一員として、家事を手伝う必要性が減ってきています。子どもは稽古事や塾、学習に追われ、親も仕事や自分自身のことに忙しい毎日です。親子が緊密な連携をとって共に体験し、共に作り上げていく、というような「生活」場面というのは、ほとんど味わうことができなくなっています。親子のコミュニケーションの機会が減ってきています。さらに、共通体験を基盤にした共通意識が親子の間で薄れてきていることでもあります。「いわなくてもわかる」基盤が弱体化してきているといえるでしょう。

3）多様化し、個別化する情報

急速に発展する情報化社会の中で、たくさんの情報が親のフィルターを経ないで子どもに流れ込んでいく現状があります。子どもにかかってくる電話ひとつでも、親の仲介を経ないで直接子どもが受け取ってしまいます。インターネットなどで我が家とは生活環境が全く異なる人々と子どもがいつの間にか知り合ってしまうことも可能です。子どもは親の知らないところで、親の知らない情報、知識をいくらでも得ることができるのです。親を経てしか子どもに情報がいかなかった一時代前には全く考えられなかったことです。

4）親の経験の無価値化

また、つい最近までは、日常生活の中で、子どもが親の経験を見直す場面が多々ありました。料理にしても、大工仕事にしても、いろいろな器具の取り扱いにしても、熟練と経験を要する作業が日常のそこかしこにあって、生意気盛りな子どもも、「やっぱり経験豊富な親にはかなわない」と、親を見直し、尊敬の念を新たにする場面があったものです。

しかし、今、コンピュータや携帯電話や進化する電化製品の数々の出現が親の今までの手仕事や経験を無価値にすることが増えています。子どもがやすやすと新しい機械を使いこなしていくのに対して、親は使い勝手がわからず、おろおろする姿を子どもの前にさらすことも多くなっています。子どもに教えられることもおこっていることでしょう。そんな状況下では、親に敬意を払い、親の言葉に一目おく、という子どもの姿勢が薄れてきている部分もあるのではないでしょうか。

5）多様化するモラルや価値観

たくさんの情報が流れ込む中で、ファッションや娯楽は無論のこと、モラルや価値観、時には言語でさえも、世代間で大きな変容と多様化が認められます。

親の語る熟語は子どもにとってはもはや死語であったり、子どもの使う省略語やカタカナ語は親にとって理解不能であったりします。

まして、モラルや価値観は親子の間では大きく異なることが多く、子ども同士であっても世代が少し異なるだけで、話が合わなくなるとさえいわれています。

そんな中で、親が自分の価値観を伝え、生き方を伝えることは至難のわざといえるでしょう。もはや昔ながらの「親の後ろ姿」や「以心伝心」だけでは子どもに親の愛情や価値観、思いを伝えることは不十分なのです。

〈子育ての大変さ〉

しかし、子どもを育てる、ということが大変だったのは、「今」という時代のみに限定されるものではありません。子育ては、いつの時代でも決して、生やさしいものではなかったのです。食べることに精一杯の時代もあれば、戦争に巻き込まれた時代もありました。高度成長に沸く時期もありました。それぞれの時代の中で、親は必死に子育てをしてきたのです。

親子をとりまく環境はいろいろ移り変わっても、わが子を立派に育てたい、と願う親の思いは、世代を越え、時代を越え、いつも存在していました。

白紙の状態で生まれてきた赤ん坊を、次世代を担う、一人前の立派な社会人に育て上げるということは、どれほど多くの忍耐と能力と努力とエネルギーを必要とすることか。

この難しいテーマに、親たちは自分の親だけをモデルに、試行錯誤しながら、子育てをしてきました。

そして、

「『思春期』とは親離れするときだから、親に反抗するのは当然」、

「段々親に本音を語らなくなるのは、自分の時もそうだったから仕方ない」、

「あの子たちも親になれば、親の気持ちはわかるもの」、

そんなふうに、なかばあきらめ、なかば納得して、子育てをしてきたのです。

そして、今までは社会的枠組や家族、村集団などがそうした試行錯誤の子育てを曲がりなりにも支えてきました。

しかし、今、「いずれわかってくれる」では間にあわないとの焦燥感を、親たちはいだいています。

新聞の社会面を見れば、子どもが、本当にまだ幼いといっていいような子どもが、同じような年齢の、もしくは小さい子どもを傷つけたり、殺めたりする事件がいくつも起こっています。それらは特殊な家庭の特殊な事件、と他人事として、すましてい

るわけにはいきません。いつ自分の子どもが突然加害者になるか、被害者になるか、わからないとの思いが誰にもあるといっても過言でない時代なのです。不安、不確かさにあふれています。

そして、ささいなトラブルをきっかけに命を絶つ子どもも増えています。いつ自分の子どもが突然その一人にならないとも限らないのです。

さらには、報道される児童虐待の数々。孤立する育児の日常の中で、思わず子どもに手をあげたくなる時、「これがエスカレートしていったら」という不安が若い母親の胸をよぎります。

まわりを見回せば、イジメ、不登校、引きこもり、家出……。自分の大切な子どもがそれらと無縁でいられる保証はどこにもありません。

親たちは日々、「わたしの子育てはこれでいいのだろうか?」という不安を、胸いっぱいに抱えながら、試行錯誤しています。

そして、すでに述べたこの時代だからこその親子のコミュニケーションを阻む要因が加わり、子どもを育てることの難しさと不安は大きくなっているのです。

〈子育てが楽しいものとなるためには〉

親たちがそんな不安に押しつぶされることなく、生き生きと楽しみながら子育てができるようになるには、どうしたらよいのでしょうか？

親子の間に心が通って、親の愛情が愛情として伝わり、子どもの成長を日々実感できる、そんな、親にとって芯の通った子育ての方法を手にいれることができたら、育児はたとえ大変なことがいろいろあっても、やりがいのある、楽しいものとなるのではないでしょうか？

親の思いが子に伝わっている、との実感、自分の子どもは、自分の言葉を理解することを確認でき、そして、自分の子どもについて自分は理解できている、との安心感、そして、お互いの間の親子としてのつながりを実感し、信頼できたら、安心して子育てができるといえます。

この「親子の間に心が通う」ということは、親子の間で、コミュニケーションがうまくとれる、ということです。

親業を学び、子どもとのコミュニケーションがとれるようになった実感をある母親がこんなふうに述べています。(石田綾子上級欠席論文)

（子どもの話に）共感し、気持ちをくむことによって、子どもの「だってねえ」「それでねえ」と言う言葉でどんどん会話がすすみ、子ども自身が話の方向を決めていき、結論まで出してしまうという、子どものもつ力に、おどろかされると同時に、からまった糸が、きれいにほどけていくような、なんとも不思議な、それでいて、とてもここちよい気分になり、子どもとの会話が心から楽しいと思える今日この頃です。……わたしは、今こうして、子どもの持つ、やさしい心や、すばらしい感性に気づくことができ、本当に幸せです。毎日、子どものいいところをたくさん発見したいと思います。……家族で親業のことを話したり、会話がはずむことによって、家の中から、どなり声が消えつつあります。とてもいごこちがよく、外は寒くても、中はあったかい毎日をすごしています。

まさに、これが「親子の間に心が通って、親の愛情が愛情として伝わり、子どもの成長を日々実感できている」お母さんの姿ではないでしょうか？

こんなふうに毎日を過ごすことができたら、子育ては楽しい、やりがいがあるとの実感が生まれることでしょう。

〈「愛情」を「愛情」として伝えるコミュニケーション＝親業〉

そんな子育てを実現するために、今必要なのは、「愛情」を「愛情」として伝える方法です。愛情があるだけでは十分ではないのです。それを正確に伝えることが求められているのです。

親業の講座は、子どもの心が親に見え、そして、親の心を子どもに伝えるための、コミュニケーションの方法を提供しています。

この親業を学ぶことによって、私たちは、子どもが本音を語りたくなる対応の仕方を、相手の反発を招きづらいもののいい方を、親子の対立を解く方法を手にいれることができるのです。

無論、「学ぶ」ということは、単に理論を知るだけではなく、訓練を受け、練習をし、それを身につけていく、ということです。それなりの努力を伴うことではありますす。

しかし、そのことによって、今まで見えていなかったお互いの心が見えるようになり、新たな人間関係の扉が開かれるのです。

そんな体験をした多くの方の中から、井上まりさんをご紹介しましょう。

活発で個性的、小さい時から母親の思い通りにならず、悩みの種だった長女との関係が、親業を学ぶことで変わっていった様子を、井上さんは、こんなふうに述べておられます。（井上まり上級欠席論文）

（今までの）私の態度や言葉からでは、娘に対する私の愛や思いは伝わっていないだろうな、と思っていました。

親業を始めてみると、娘はどんどん変わっていきました。いえ、私の娘への見方が変わったのかもしれません。あるいは、わたし自身が変わっていったから、娘も変わったのかもしれません。いろいろ絡み合って、相乗効果があったのでしょう。

十二単衣の重い衣を一枚一枚脱いでいくように、少しずつ、娘自身が見え、自分自身が見えてきました。母としての衣、親としての衣、その他もろもろの、〝こうあらねばならない〟という重い衣がわたしの心をがんじがらめにして、身動きするのがとても大変だったのです。重い衣を脱ぐと、わたしの心はとても軽くなり、肩の力が抜けたのです。

………

わたしは結果を急ぎすぎていました。

娘は私に聞いてほしかっただけなのです。つらい気持ちを私に解ってほしかっただけなのです。悲しかったといって、私の胸で泣きたかったのです。徹底的に能動的に聞くと、最後はケロっとしていたり、娘自身の解決策を見つけたり、元気を取り戻したりして、またがんばってみようと思ったりしてくれるのです。ものすごい手ごたえでした。

そして、娘が

「ママがいてくれてよかった」

と、言ってくれたのです。

わたしは涙が出るほど、うれしかった。

親業をやっていて、本当によかった。

さらに、娘の一番の親友が同級生にイジメられた時のこと、そのことで苦しんでいた娘の気持ちを能動的に聞くことに徹した井上さんは、娘の中にたくさんの素晴らしいものがあることを発見しました。

娘は、苦しかったこと、つらかったこと、イヤだったことを話しました。娘なりに感じたこともたくさんあったようです。聞きながら私はとても驚きました。当時娘は九歳だったのですが、九歳の子どもとは思えない観察眼、感受性、発想だったからです。驚きながら、感心もし、こんなふうに育ってくれたことを、うれしくも思いました。そして、その素晴らしいものたちをつぶすことなく、ねじ曲げることなく、私が受け止められたことも、うれしかったのです。

そして、井上さんと娘との関係は変化しました。

（娘は）何か困ったことがあると、わたしに話してくれるようになりました。わたしも娘の力を信じられるようになったので、能動的に聞くことに徹することができるようになりました。……娘と一緒にいることが楽しくなってきたのです。「悩みの種」だった娘との関係が、「一緒にいることが楽しい」関係へと変わっていったのです。

〈すべての人間関係に通じる扉〉

親業のコミュニケーションの方法は、親子関係だけでなく、すべての人間関係に通じる扉です。家庭内の親子以外の人間関係、たとえば、夫婦、嫁姑、兄弟等のみならず、教育現場、医療現場、職場など、すべての人間関係にあてはまるものです。

それは、コミュニケーションの方法を学ぶということが、コミュニケーションの中に表現していく自分を「知る」ということであり、自分の感情や欲求に気付く、ということでもあるからなのです。

親は親としてだけでなく、親であることをきっかけとして一人の人間としての自分を見つめなおし、生き方を見直していくことができるようになるのです。

先ほどの井上さんも、自分自身の変化とまわりの人との人間関係の変化をこう語っています。

娘との関係で悩んで始めた親業でしたが、わたし自身が大きく変わりました。多くの気づきがあり、多くの発見がありました。自分自身を再確認し、自分で自分を許せるようにもなりました。他人に多くを望まなくなりました。ということは、それまでの私は、自分の思い通りにならないことを、他人のせいにしていたのだと思います。

子をもち親になってから、自分の親をモデルに親としての試行錯誤が始まります。それは、自分の親からどう育てられ、何を学んできたか、ということが、自分が親になった時の、親としてのあり方や、親としての役割についての一つの手本であるのと同時に、枠ともなったということです。望むと望まないとにかかわらず、親から子への対応が、その子が親となった時の自分の子どもへの対応へと、しつけの連鎖が受け継がれ、それに縛られてきたのです。しかし、今、新たに親としての子どもへの接し方を学ぶことによって、そうした連鎖から解き放たれ、そのことによって、よりよい親子関係、ひいてはよりよい人間関係を新たに手に入れることができるのです。

井上さんもまた、今までの両親との関係を変えることができ、自分自身が変わり、まわりの人との人間関係も変わっていきました。

わたしの両親に対しては、期待に沿う、いい子でなくでもいい、と思えるようになり、母の呪縛から、やっと解かれたような気がしています。

わたしの友達や、子どもの先生たちとも、いい関係が築けてきていると思います。

親業という、新しいコミュニケーションの方法を親が学ぶことは、次世代の子どもに対しても、コミュニケーションのよきモデルを提供することになるに違いありません。

すべての親が、教師が、人間が、このコミュニケーションの方法を手にいれることができることを願っています。

第二節　なぜ親子の間に溝ができるか

幼児期には、あれほど親を慕っていた子どもが、長ずるにつれ、親をけむたく思うようになる一因に、親の子どもへの関わり方、コミュニケーションのまずさがある、ということを述べました。

親子の間に溝を作っていくことになる残念な対応とは、具体的にはいったいどのようなものなのでしょうか？

一組の親子の例から、考えてみましょう。

なおちゃんは、九歳の女の子です。今まで通っていた「お絵かき教室」を自分の意思で、この四月から月曜日から火曜日に変更しました。しかし、実際に行く段になると、やっぱり月曜日がよかった、とグズグズいい始めたのです。

さて、あなたが親なら、なんというでしょうか？

なおちゃんのお母さんは、思わずこんなふうにいってしまいました。

「だって、自分で火曜日がいいって変えてもらったんでしょ。自分で決めたんだから、守らなくちゃね」

「んんー。でも……」

「でも、じゃないわよ。なんで、今になって、そんなことをグズグズいうの！　友達がいないのがいやなの？じゃあ、何で曜日を変えたの？」

なおちゃんは泣き出し、お母さんはイライラし、最後は、

「自分できめたんだから、グズグズいわないの！　早く行きなさい！」

と怒鳴り声を出してしまいました。

なおちゃんも負けじ、と大声を出して泣き出してお絵かきの時間は刻々と過ぎていってしまう……。

親子の間でよくある場面ではないでしょうか。

こんなとき、親がやりがちな対応を、親業を創始したゴードン博士は、次のように整理しました。

命令、指示 **子どもに何かをする（しない）ようにいう。**

「グズグズいわないの！」

「早く行きなさい！」

注意、脅迫 **悪い結果を予想させて、怯えさせる。**

「そんなこと言うなら、もうやめさせるわよ」

「行かないと、あとで困るのは自分よ」

訓戒、説教 **やるべきことを教えさとす。**

「行きたくない時もあるかもしれないけど、自分で決めたことは守るべきでしょ」

「我慢して続けることが大事なの」

提案、忠告 **どうしたら問題が解決できるか、助言、提案をする。**

「今日は行って、来週からのことはそのあと考えたらいいじゃない」

「先生に相談してみたらどうかな」

講義、論理の展開　**理詰めで説明する。**

「行ったら、友達ができるかもしれないし、行ってみる価値はあると思うよ」

「続けたら、きっとあとでよかったと思うわ」

解釈、分析　**子どもの言ったり、したりすることの原因を、親が分析する。**

「一人で心細いから、そんなこというんでしょ」

「本当はお絵かきに飽きたんじゃないのかしら」

非難、批判　**子どもに対して否定的判断、評価を下す。**

「ちょっとイヤなことあると、すぐわがままいい出すんだから」

「あなたの考えは間違っているわ」

同意、称賛　**子どもの意見に同意したり、肯定的な評価をする。**

「イヤなら行かなくたっていいのよ」

「おりこうさんだから、ちゃんと行けるわよね」

侮辱、悪口を言う

「なんて身勝手なんでしょう」

「だらしない子だこと」

同情、激励 **なぐさめて気持ちを変えようとする。**

「今日みたいに寒いと行くのは大変だものねえ」

「クヨクヨしないで、頑張って！」

尋問、質問 **親が判断するために、情報を得ようとする。**

「どうして行きたくないの？友達がいないから？いじわるな子がいそうなの？」

そらす **子どもを悩みからそらそうとする。**

「また気が変わるわよ、さあさ、先におやつにしましょ」

「そんなことより、学校は楽しいの？」

これらの対応は、親業で「一二のおきまりのパターン」とか「一二の（コミュニケーションの）障害になるいい方」とよばれるものです。

親は子供に頑張ってほしい、よくなってほしい、という思いでいろいろいうのです。愛すればこその働きかけなのです。

しかし、いわれる子どもの側には、その親の子どもを思う気持ち、すなわち愛がそのまま愛として伝わっているでしょうか？

残念ながら、親からの以上のような働きかけ方、接し方では、親の思いが子どもに伝わりにくいのです。それどころか、「親は、自分をダメな子どもだと思っている」「親は自分を嫌いなのだ」とすら、子どもが思ってしまうような対応、接し方といえます。そのうえ、子どもの自主性をつみ、親子の関係を壊していくものなのです。なぜなら、子どもが何かを訴えてきているのに、親は子どもの気持ちを無視して、親自身の意見をいっているにすぎない対応だからです。自分の気持ちを無視され、親の意見を押し付けられる時、子どもは、「親はわかってくれない」「自分のことを理解してくれない」と感じてしまいます。一方的に思える親の意見から、子どもは自分への理解が欠けると感じ、理解しようとしない親が自分に愛情をもっているとは感じにくいのです。

しかも、これらの対応は「子どものあなたは自分で問題解決する力がないから、わたしが解決してあげよう」「あなたはダメなヤツだ」「あなたは間違っている」といった隠れたメッセージを含んでいるのですが、おわかりでしょうか？

例えば、なおちゃんのお母さんは、「自分で決めたんだから、守らなくちゃね」と説教したり、尋問したりしていますが、「ちゃんと約束を守れないのはいけないことだ、今、行きたくないと感じているその感覚自体が間違っている、約束を守れないあなたはダメな子だ」となおちゃんを暗に非難しています。

「自分できめたんだから、グズグズいわないの！早く行きなさい！」という指示、命令も「今、あなたが悩んでいることは価値がない。あなたは自分で決める能力がないから、わたしが解決してあげよう」というメッセージを無意識のうちに伝えています。

子どもは自分が今感じている感情を否定され、親の意見を押し付けられているのです。

こういう親の対応は、どんな結果を生むでしょうか？親の思いは「子どものためによかれ」ということですが、実際にはその思いは、活かされにくいのです。

例えば、子どもは、次のような反応をしてくることがあります。

繰り返し訴える。親に自分の気持ちを理解してもらおうと思ったら、しつこく繰り返し訴えることになるでしょう。それでもわかってもらえなければ、最後はあきらめてしまいます。子どもは親というものは自分の気持ちを理解してくれないものだ、ということを、ここで学習してしまうのです。親もしつこく訴える子どもを「強情」「我を張る」などと否定的なとらえ方をしてしまいます。

または、親の意見に反応して、反発したり、いいわけすることがおこってきます。「だってぇ」「でもー」というわけです。最初の自分の感情をどこかに置き忘れて親といい合いすることになるかもしれません。自分の感情をしっかり見つめ、自分で考えることができないままです。親の目には「素直でない」「反抗的」と子どもが映ります。いずれにしても、親の思いは伝わらず、親子の理解を妨げる壁をお互いが厚くし続けていくプロセスがここに見えるようです。

または、子どもによっては、従順に親に従うかもしれません。

「先生に相談してみたらいいじゃない」といわれたら、なるほどと思ってそうするのです。ここには理解を妨げる親子間の壁はないように思われます。しかし、ここには、落とし穴があるのです。それは、親の対応が子どもの自立を妨げてしまうという、落とし穴です。親のいうことに従って行動し、その結果うまくいったら、「親のいうとおりにしていればいいのだ」と親に依存することを子どもは学びます。「指示待ち人間」をつくることになっていきます。その結果がうまくいかなければ、親がそういったのが悪いのだ、と親を責めていればよい子どもが育つのです。人のせいにする無責任な人間です。さらにこれでは自分で自分の問題解決をする時に得られる自信や自己信頼感を得る機会を親が奪っているに等しいのです。

いずれにしても、以上のような親の対応では、子どもは自立心や判断力、責任感を養うことができません。自己肯定感や自己信頼感が育たないまま、成長していくことになるのです。

そして、親の側には、次のようなことが起こるでしょう。

せっかく、子どものためを思っていっているのに、その親の思いが子どもには伝わりません。その結果、もどかしさ、腹立たしさを感じることになるでしょう。親としての自信を失い、迷い、悩むことにもなるかもしれません。また、子どもの反応を「強情」とか「素直でない」または「依存的」ととらえてしまうため、子どものことを信頼できず、ますます口うるさく干渉したくなっていきます。そして、無理にいうことをきかそうと思うと、力で押さえつけることにもなりかねません。わが子ながら、「憎たらしい」といった感情がわいてくることにもつながります。

これでは、親子の間の相互理解は促進されにくく、関係が悪化していくばかりです。

親が子どものためにと思い、子どもを愛すればこそ、と思って対応すればするほど、子どもは心を閉ざし、親とコミュニケートする意欲を失っていく流れがここにあります。親もまた子どもの姿が見えなくなり、力で子どもを押さえつけようとし、親子の溝はますます深まっていくのです。

第三節　親は自分の気持ちを整理する必要がある

それでは、親子の溝を広げず、親の愛情が愛情として伝わり、子どもが心を開くような、親子の間に心が通い合うコミュニケーションをとるには、どうしたら、よいのでしょうか?

コミュニケーションの一つとして、「会話」を考えてみた場合、私たちは、しゃべったり、相手の話を聞いたり、その繰り返しのやりとりの中で、意思の疎通を計っていますね。

コミュニケーションの基本は、まずは「聞くこと」と、「話すこと」です。

これを適切に使いこなすこと、つまり、聞くべき時に聞き、話すべき時に話すことが肝要なのです。親が子どもの話を聞くべき時に聞き、親として話すべき時に話すことができれば、親子の間に心が通い合うコミュニケーションが可能になります。

問題はいつが「聞くべき時」であり、いつが「話すべき時」なのかを知ることなのですが、私たちは普段、あまりそういうことを考えないまま、会話しています。

無論、たわいもない会話をしているときはそれでいいのですが、この二つをきっちり分けて使いこなすことが、非常に大切になってくる場面があります。

それは、会話している親子のうち、親か子のどちらかが、イヤな思い、困っている、不快感などの否定的な感情をもつ時です。

この「否定的な感情」を親業では「問題」と表現します。そして、誰かが、親にしろ、子にしろ、「否定的な感情をもっている状態」を「問題を所有している」といいます。

例えば、あなたの子どもが受験勉強中だとします。遊んだり、テレビを見るのを我慢しながら勉強していて、イライラしています。この時、問題を所有しているのは、あなたの子どもです。

しかし、その子どもが「お母さん、とても受かりそうもないよ。受験なんかしたくない」と、あなたに訴えてきたとしたら、どうでしょうか。子どもに期待していたあなたは、びっくりし、とてもその考えは受け入れられない、と思うでしょう。今や、あなたも問題を所有し始めている、ということになります。

そして、ここで大事な原則は、「問題を解決できるのは問題の所有者だ」ということです。

つまり、子どもがいかにあなたにとって大切な存在であっても、あなたが子どもの代わりに受験をするわけにはいきません。あなたは何がしかの手助けをすることはできても、受験の苦労を味わい、それを乗り越えていくことはその子どもにしかできないことです。

あなたは子どもが受験の苦しさを乗り越え、自分で自分の問題を解決できるよう、「子どもを支援するためのコミュニケーションの方法」を使います。これが子どもの気持ちを「聞く」という方法です。

一方、「受験をやめる」と言われた時のあなたは、この「その考えは受け入れられない、イヤだ」という思いを子どもに伝えたいと思うでしょう。この時使うコミュニケーションは、先ほどの「子どもを支援するためのコミュニケーション」とは違うものになります。「イヤだ、困る」というあなたの思いをなんとか解消しようとするためのコミュニケーションになります。これがあなたの思いを「話す」という方法です。

的確な場面で、的確なコミュニケーション方法を使うことができる、ということが、親子のみならず、すべての、よりよい人間関係作りの基本になります。

そのためには、どの場面で、どのコミュニケーション方法を使うのが適切かを知ることが必要です。この時役に立つのが、親業独特の考え方である「行動の四角形」というものです。

「行動の四角形」は、私たちに目で見える形で、いつが「聞くべき時」であり、いつが「話すべき時」なのかを教えてくれるのです。

(1) 「行動の四角形」を作る

図1を見て下さい。

これはあなたの心の窓です。この窓を通して相手がいったり、したりすること、つまり、相手の行動、を見たり、聞いたりすることができます。

ここで大事なことは、対象にしているのは、相手の態度や性格ではなく、「行動」だということです。態度や性格という、評価をふくんだり、継続性を予想させるあいまいなものではなく、目に見え、耳に聞こえる、具体的な行動を対象にしているのです。

今、親が子どもを思い浮かべて、その子どもの行動について考えます。

無論、あなたが親でないなら、友人、同僚などを思い浮かべてもいいのです。

「テレビをみている」

「ご飯を食べている」

「ウルセーとわたしに大声を出した」

「ころんでひざをすりむいてイタイと言った」などなど。

目で見、耳で聞くことができる行動です。これらの行動すべてをこの行動の四角形に入れて考えることができます。

(2) 受容と非受容を分ける

次に、あなたは自分の「感情」を見ることにします。四角形の中に横線（これを受容線という）を引くのです。

今、書き出した相手（この場合は子ども）の行動の中で、受け入れられる（受容できる）行動は線の上の枠の中に、受け入れられない（非受容の）行動は下の枠の中に、いれてみましょう（図2）。

子どもの行動を自分の感情にしたがって、

図1

図2

振り分ける作業です。

格別どちらの感情も湧かない子どもの行動は、少なくとも「イヤではない」のですから、受容できる行動（上の枠）と考えることができるでしょう。

「テレビをみている」「ご飯を食べている」などの行動は、あなたはべつに「イヤではない」と思うでしょう。受容できる行動です。

また「ウルセーとわたしに大声を出した」という行動は「イヤ」と感じるかもしれません。としたならば、受容できない行動、といえるでしょう。

「ころんでひざをすりむいてイタイと言った」という行動は、「大丈夫そうね」と思えるなら、受容できる行動（上の枠）と考えることができるでしょう。

(3) 受容できる行動を、さらに二つに分ける

そこで、ちょっと考えて見て下さい。

「ころんでひざをすりむいてイタイといった」という行動と、「テレビをみている」「ご飯を食べている」などの行動とは、ちょっと違うような気がしませんか?

「テレビをみている」「ご飯を食べている」などの行動は、子どももあなたもイヤな思いはしていない、両者とも否定的感情をもっていない、と考えられます。

でも、「ころんでひざをすりむいてイタイといった」という行動は、あなたは受容できると感じているにしても、子どもはイヤだなあ、という思い、つまり、子どもが何か否定的感情をかかえているようにみえますね。

そこで、この二つを分けて考えることにします。

つまり、この行動の四角形の中で、受容できる行動（上の枠）をさらに二つに分けて、三つ目の枠を作るということです（図3）。子どもが否定的な感情をもっている（と推察される）か、いない（と推察される）か、で、分けるのです。

図3

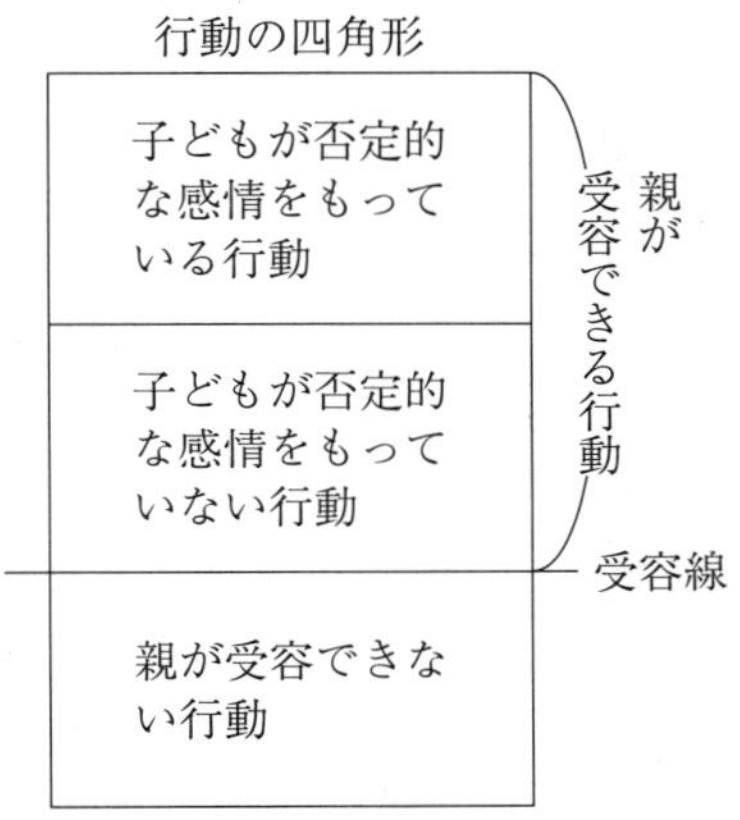

(4)「問題の所有者は誰か」が明確になる

さて、子どもの行動をこんなふうに、行動の四角形に振り分けてみると、問題の所有者は誰か、ということがはっきりしてきます（図4）。

つまり、一番上の枠内の行動は、「子どもがイヤだと感じている」、すなわち否定的な感情をもっているのです。いい換えるならば、「子どもが問題をもつ」（Ⅰ）のであり、「問題を所有しているのは子どもだ」といえるでしょう。

真ん中の枠内の行動は、自分も子どももイヤとは感じていない、これは互いに問題をかかえていないので、「問題なし」（Ⅱ）ということができます。

図 4

行動の四角形

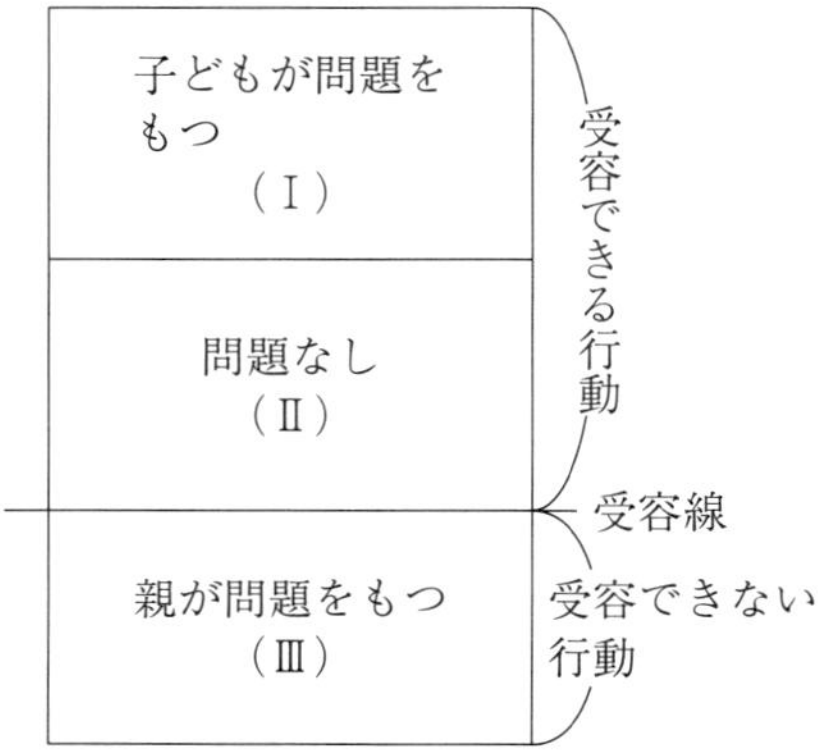

一番下の枠内の行動は、自分がイヤだと感じている、すなわち親が否定的な感情をもつのですから、「親が問題をもつ」（Ⅲ）であり、「問題の所有者は親」ということができます。

この、子どもの行動を「行動の四角形」に整理する、という作業を通して、問題を所有するのが親なのか、子どもなのか明確になると、問題を解決できるのはどちらなのかがわかってきます。

(5) 問題を解決できるのは、「問題の所有者」

問題を解決できるのは、問題の所有者です。

どんな問題であるにせよ、否定的な感情を体験している人こそが、その問題を所有しているのであり、その人にしかそれを解消することはできません。

子どもが問題の所有者である時は子どもが問題を解決できるのであり、親は子どもが自分で問題解決できるよう、支援するコミュニケーション方法をとります。それが「聞く」ということです。

また、親が問題の所有者である時は親が問題を解決するのであり、自分を助けるためのコミュニケーションの方法をとります。

図5

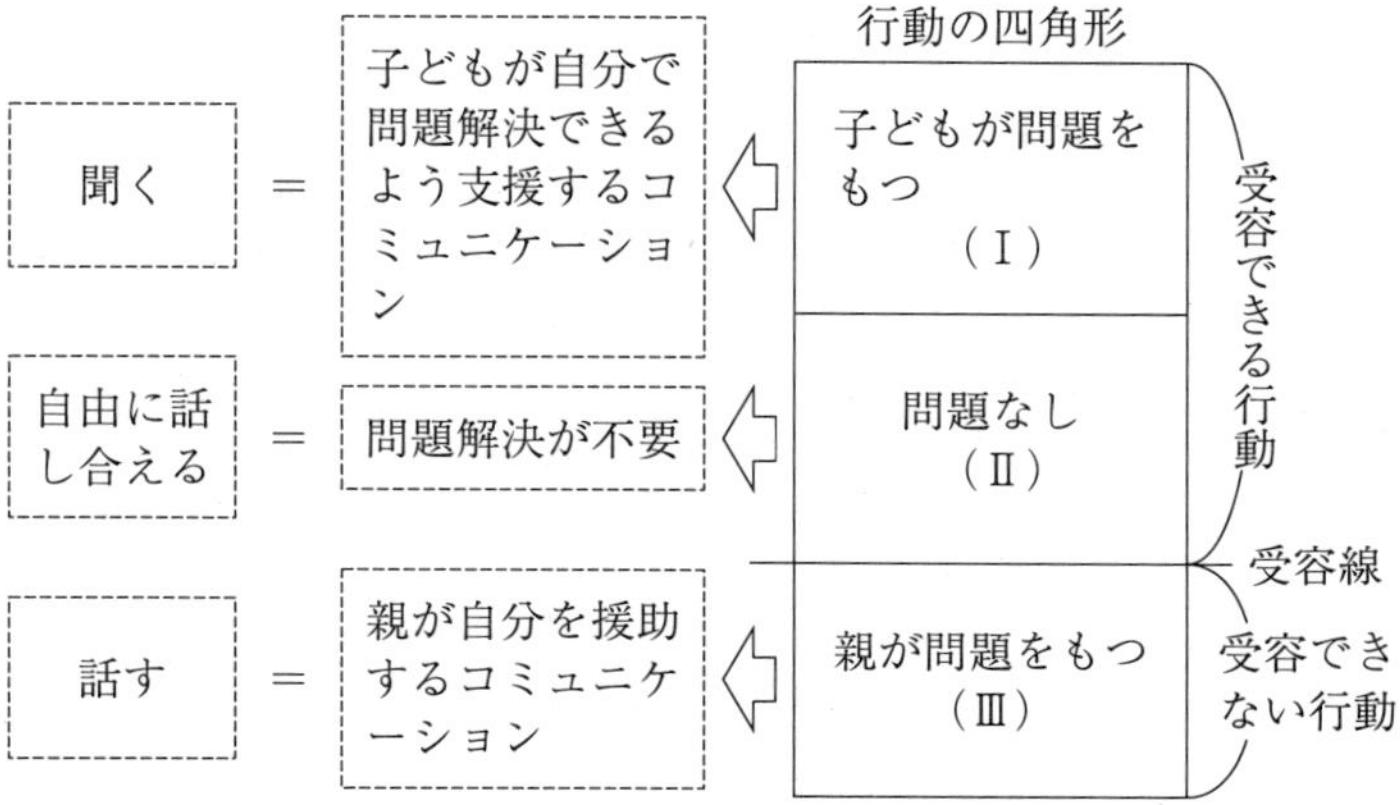

それが「話す」ということです。（図5）

問題の所有権は侵害しないことが大切です。所有権を侵して、「他の人がその人の代わりに問題を解決しようとすると、事態をかえって悪化させてしまうことになりかねません」(3)

単純でわかりきったことのようですが、これが実際の場面ではなかなか難しいのです。

例えば、中学校の相談室でみていると、イジメられたといった事件が起こった時、親に相談しない理由として、「親に言うと、親が心配するから」ということを挙げる生徒が少なからずいます。

そうした生徒は自分がイジメにあったことがわかると、親の方がパニックになって、子どもに細かく問いただしたり、親の方がすぐに行動を起こしてしまう、あるいは、毎日いじめについて結果をたずねたりするようになるのをよく知っています。だから、そういう親を持っている子どもは逆に親に相談ができないと感じてしまうというのです。

悩んでいる子どもの問題を、親がなんとか解決してやりたい、とやっきになってしまいます。子どもの問題を親が抱え込んでしまうのです。

つまり、子どもが何か悩んだり、困ったりするとき、「行動の四角形」に整理すると、「親が問題をもつ」（Ⅲ）にその行動が入ってしまう、ということです。

こうした場合、親の心の中にあるのは、「(子どもは困っているのだから、) 何とかわたしが解決してあげないと」「わたしが助けてあげなければ」という、ただただ純粋な「親切心」です。

しかし、ちょっと見方を変えると、この「親切心」は「わたしが解決してあげないと、あなた自身では問題を解決できるはずはない。問題解決の力があるとは、とても信頼できない」「わたしが助けてあげなければ、自分でやれるはずはない、あなたは無能なのだから」といった、子どもを否定するメッセージを子どもに暗に伝えていることにもなります。また、子どもがいじめられていることを親が許せなくて解決にのりだしていくこともあります。すなわち、子どもがどうしたい、ということより、親がこうあってはならないという思いで子どもに関わる、ということです。こうなると子どもの思いよりも、親の思いで解決にのりだすことになり、往々にして子どもの気持ちを無視した行動を親がとることもでてきます。これもまた、わが子の思いの否定でしかありません。

その結果、子どもを助けるつもりで、あれこれ、いったり、したりすることが子どもへの否定や不信を伝えることになり、子どもが親に対して心を閉ざすことにもなってしまうのです。

ゴードン博士はこんなふうにいっています。

「子どもの靴紐を親が結び続ければ、確実にその子どもは自分で結べないようになります」[4]

しかし、だからといって、「これは子どもの靴紐なのだから、子どもの問題として、子どもに任せなければならない」とか「子どもの問題として整理するべきだ」と無理やり思いこむ必要はありません。

親は子どもがイジメられて、自分が辛いと思うのであれば、そう思う正直な気持ちをスタート地点として親業を学び始めればいいのです。親が辛いと思うときには、その辛さをとり除くための親の行動があるからです。それは子どもが辛い時に親がとる行動とは当然異なるのです。

親である自分が、子どもである相手の行動をどう見るかで、その子どもとの接し方が異なる、というのは、問題の所有権と深い関わりがあります。

子どもがイジメられていることを、「誰が所有する問題か」と整理することには大きな意味があるのです。

この整理の仕方は、親だから、誰でも同じ、というわけではありません。子どもの行動の何をイヤだと思うかは、その親に任されています。

親は、今まで、親という立場にたった途端、常に一定の行動をし、一定の感じ方をしなければいけない、と思い込んではきませんでしたか？

「その時の気分次第でOKと思ったり、ダメといってはいけない」

「子どもたちを同じように愛さなければいけない」

「両親でしつけが異なってはいけない」

「感情的でなく、いつも同じようにしつけなければいけない」等等。そんなことはありません。

これらの考え方は、親が一人の生身の人間である、という大前提を無視した考え方なのです。

親業では、親もまた一人の生身の人間である、というところからスタートします。

その時々で感じ方の違う自分に気づき、その自分をありのままに認めるところから始まるのです。ありのままの自分を認める、ということは、ありのままの子どもを受容する第一歩といえるかもしれません。

親業を学ぶ中で、親もまた一人の「人間」として、そしてまた、「親」として成長していくことができます。次第に、子どもの問題の所有権を侵さないようになっていくのです。

それが実践されるようになると、「子ども自身が問題を解決できるように、支援する」道を親はとることができるようになってきます。問題を所有する子ども自身が問題解決をする機会をもつことで、子どもの自立と成長とが促される道です。いわば「子どもが自分で自分の靴紐を結ぶ」のを親が応援できる方法です。

(6) 受容線は変動する

「行動の四角形」において、受容と非受容を分ける受容線は常に一定の位置にあるとはかぎりません。

これはその時々で上がったり、下がったり、と変動します。

上がるということは、受容領域が狭くなって、非受容領域がふえる、ということです。

下がるということは、受容領域が広がって、非受容領域がへる、ということです。

この受容線の位置はもともと人によっても違います。いつもイライラしていている人がいます。そばにいる人が、ハラハラと気を使ってしまうタイプの人です。また、反対にいつもにこやかで、その人のそばにいると、ホッとするタイプの人もいます。前者は基本的に受容領域が狭い人ですし、後者は受容領域が広い人です。

しかし、同じ一人の中でもその時々によって、受容線は上下します。

例えば、相手によって、同じ行動が許せる場合と許せない場合があります。帰宅時間が遅くなるのを、男の子だと仕方がないと思えるが、女の子だと許せない、と感じるかもしれません。一歳の子が注射されて泣くのは当然だが、一〇歳にもなって泣くのは腹立たしい、ということもあるかもしれません。

また、自分のコンディションによっても、左右されます。朝のうちは子どもが牛乳をこぼしても落ち着いて対処できるのに、夕方疲れてくると、同じ子どもの同じ行動に、思わず声を荒げてしまう、ということもあります。

環境によっても違います。自宅では子どもが食事時に食べているものをこぼしてもあまり気になりませんが、よそのお宅にお邪魔している時はつい細かく叱りたくなる、ということもあるでしょう。

こんなふうに、人は当然のことながら、その時々で、感じ方が異なるものです。

その時々によって感じ方が異なる自分を大事にするところから、親業は始まります。

第四節　子ども自身が問題を解決できるように支援するコミュニケーション

(1)　支援する方法は話を聞くこと

さきほど、親が子どもを支援する時使うコミュニケーションの方法が「子どもの気持ちを聞く」ということだ、といいました。

それもただ「聞く」のではなく、「受容的、共感的に話を聞くこと」です。「受容的、共感的に話を聞くこと」こそが、悩みをかかえている人を本当の意味で支援することになるのです。

受容や共感の言葉がどれほど、人を力づけ、励まし、やる気を引き出すかは、今までにも多くの心理療法の専門家やカウンセラーが実証してきたところです。

具体的には、カール・ロジャースが「評価的な部分が最小のフィードバック」と呼び、親業では「能動的な聞き方」と呼んでいる(5)、対応の仕方です。

この対応の仕方は、本人が自分で自分の問題を整理し、解決するのを支援する方法です。問題を抱えている状態をそのまま受容し、答は問題を抱えているその人が持っている、ということを最後まで信頼し、解決を任せるのです。

つまり、子どもが問題をもっていると親が感じた時(行動の四角形を書いた時、(Ⅰ)に子どもの行動を入れた場合)、親にできる子どもを支援する対応は、子どもの話を受容と共感をもって、「聞く」ことです。

まずは、親が自分の口を閉じ、黙ってうなずいたり、あいづちを打ったり、話をうながすことです。ただ、これらの対応は、話し手の邪魔をしない、という点では効果的ですが、聞き手はまったくの受身である点、これだけでは、話し手も聞き手も物足りなさを感じてしまいます。

そこで登場するのが、「能動的な聞き方」という特殊な聞き方です。

(2) 能動的な聞き方

能動的な聞き方は、「相手は今どんなことを感じているのだろう?」ということを積極的に推測し、その推測したことを、「わたしはこんなふうにあなたの気持ちを推測しましたが、これでいいですか」と、相手に確認するコミュニケーションの方法です。

私たちは、誰でも他人の心の中はわかりません、たとえ、親子であってもそれは同じです。子どもが何か問題をもっているかもしれない、と親が感じるとしたら、それは、そう思わせる、なんらかの「サイン」が出ていた、ということです。私たちはその「サイン」をキャッチすることで、相手の心を推し量ります。

今、「ごはんよ！」と言ったお母さんに子どもが「ご飯、いらない」といったとします。

これは自分の心の中のことを、「サイン」として表出した、ということです。無論言葉以外にも表情や身振り、声の調子など、いろいろなものがサインになります。それらを総合して、親は「サインを解読する」のです。

そして、その解読が正しいかどうかは、確認してみることではっきりします。この確認する聞き方をフィードバックといいます。無論このフィードバックも必ずしも言葉とはかぎりませんが、ここではこんな言葉になりました。

「どこか体の具合が悪いのかな」

「うん」という返事が返ってくれば、その解読が正しかったことが親にはわかります。

でも、「ううん」と子どもが言うとしたら、「体の具合が悪い」という親の解読は間違っていた、ということです（図６）。

もしここで親が「体の具合が悪いのかな」というフィードバックをしなければ、親も子どもも親が「体調が悪いのだろう」と誤解していることに気づかないままです。

ここにコミュニケーションの難しさがあります。

「人と人とのコミュニケーションがしばしばうまくいかないのは、受け手が送り手のメッセージを誤解し、しかも誤解があることにどちらも気が付かないからである」とゴードン博士は言っています[6]。

しかし、今、フィードバックされたことで、子どもは親の誤解に気づいて、親が理解しやすいように、さらにサインを出します。

図６

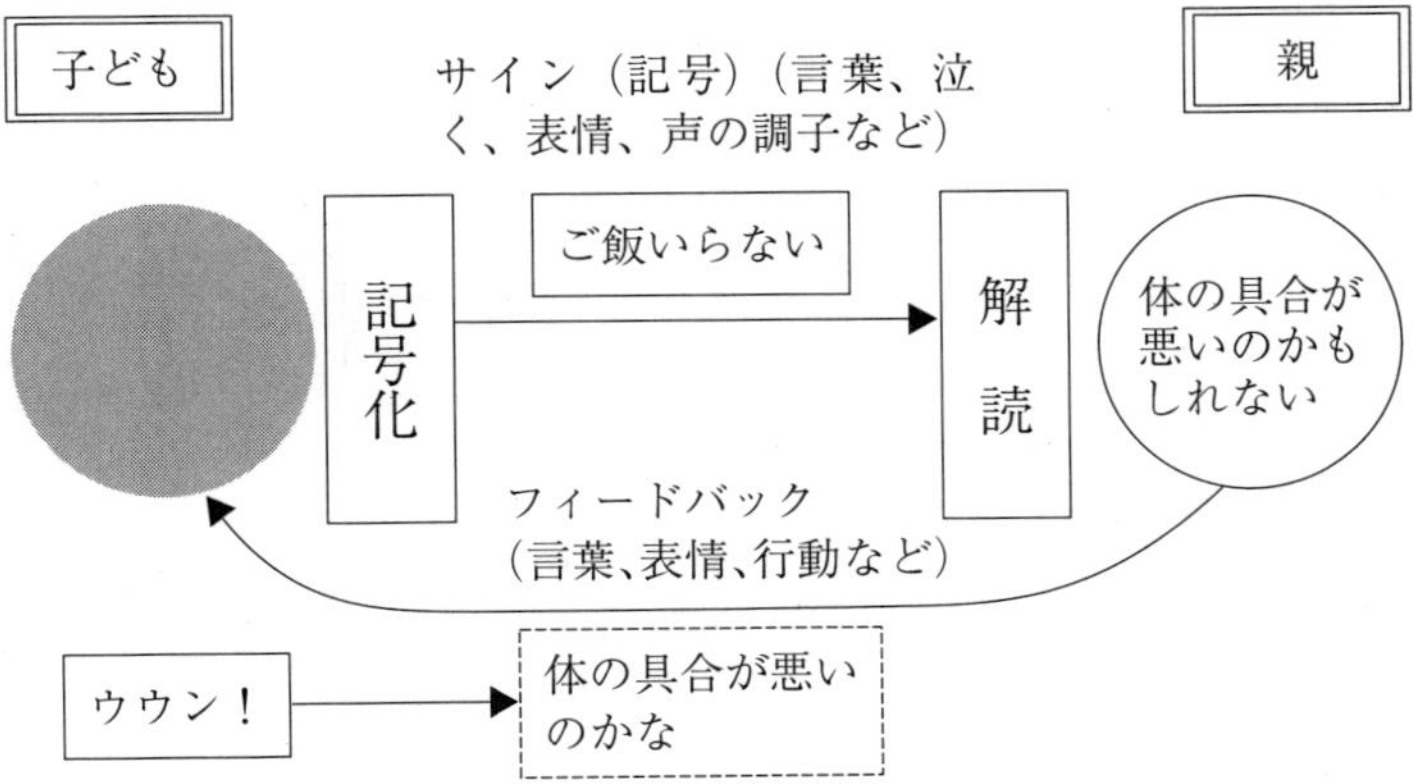

「明日のテストが気になってさ」

そこで、親は新しいサインをもとに、解読をやり直すことになります。

「ああ、明日のテストが心配で、食欲がないんだ」

今度は子どもが「うん」といいました。親が正しくサインを解読できた、ということです。ここで初めて親は子どもの気持ちを理解できた、といえるのです。そして、子どもの側にも親が理解してくれた、ということがはっきり伝わります。(図7)

この「確認をとる作業」が、能動的な聞き方です。

親がやりがちなコミュニケーションのパターンがもうひとつあります。

図 7

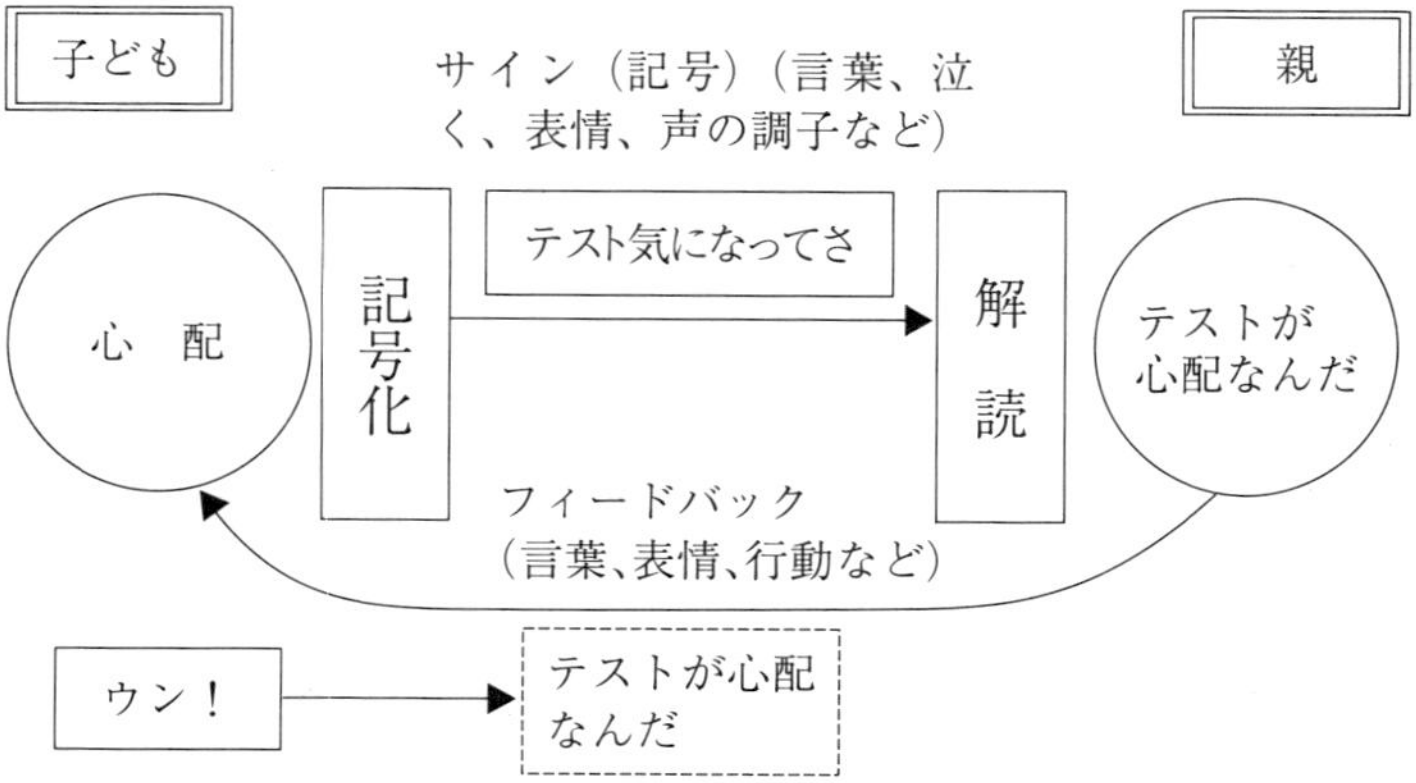

「テストが心配なんだ」と正しく解読するところまではいくのですが、それをフィードバックしないで、親の意見をいってしまうパターンです。（図8）

「ちゃんと食べておかないと、頭が働かないわよ」

これは、「一二の障害になるいい方」の一つです。

この場合は、親が正しく解読したことを表現していないので、子どもには親が自分の思いを理解してくれたことが伝わりません。自分の思いに対する理解を示さないまま、親の意見を押し付けられた、と子どもは感じてしまうのです。無論、誤解したまま（図6の状態で）意見をいう場合もあります。

図8

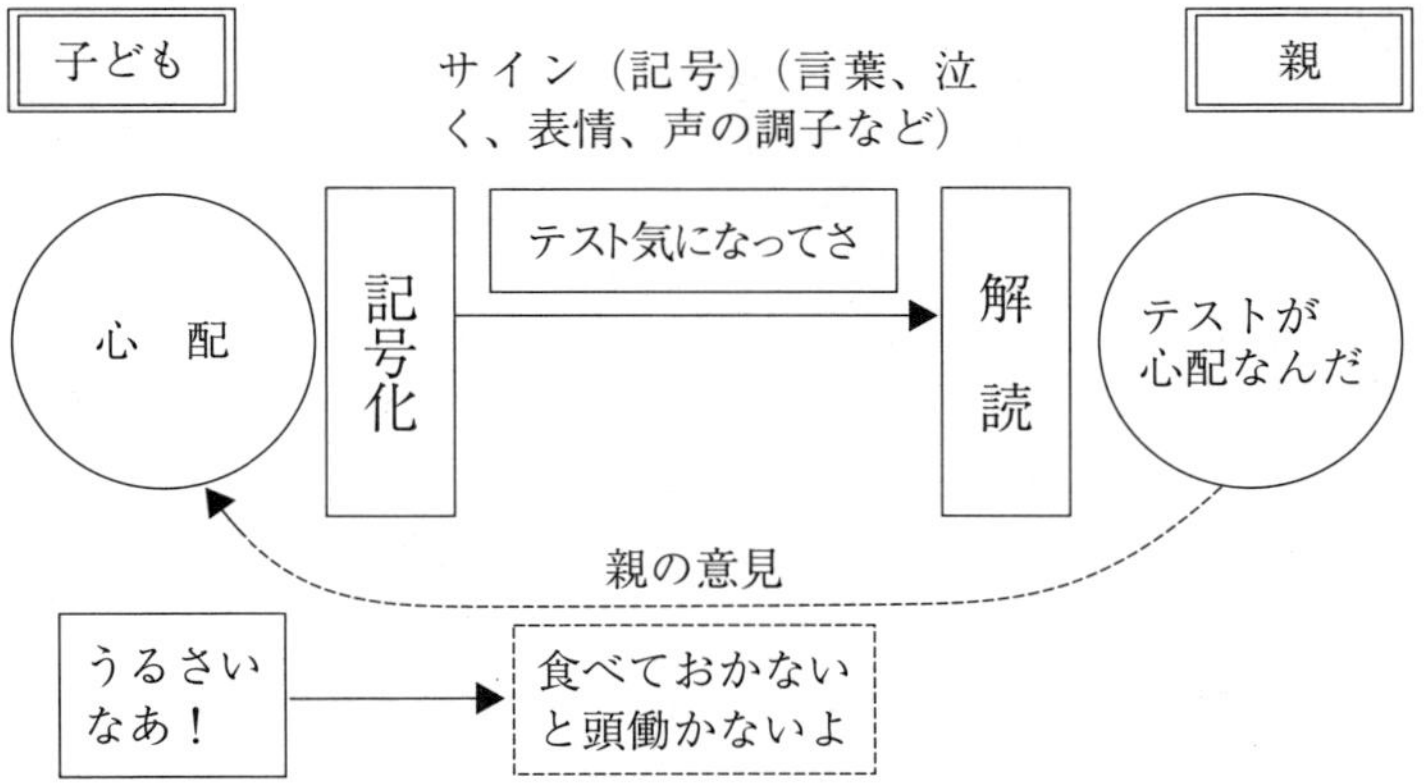

「一二の障害になるいい方」の弊害は、先ほど列挙したとおりです。

「一二の障害になるいい方」は、子どもの問題に対し、親が子どもの所有権を侵して解決策などを与えてしまう対応ですが、能動的な聞き方は、これと違って、子どもの問題の所有権は子どもに残す対応です。

口に出した自分の考えや感情をフィードバックされることで、子どもは改めて自分の考えや感情に正面から向き合うことになります。

また、相手が理解してくれたことがわかれば、同じことを繰り返しいう必要はなくなるわけで、すると、考えが先に進むのです。自分の考えを否定されませんから、安心して考えを進めることができます。場合によっては、問題に対する自分なりの解決策に到達することでしょう。自分で考え、自分で解決する、そして自分の決めたことであれば、自分で責任をとることができる、それこそ、親が望む「自立した人間」への姿ではないでしょうか。

解決に至らない場合も、親が自分の問題に一生懸命耳を傾けてくれた、という思いは、親への信頼感、愛情を増加させ、親子の関係も安定し、コミュニケーションもスムーズになります。このことは他者を理解し、他者から理解される経験であり、他者への思いやりも含め他者と協調して生きる力の源ともなるのです。

親が共感と受容をもって聞いてくれた、そして、信頼して自分の問題を自分に任せてくれた、ということは、子どもにとって、まさに「愛された」体験です。「話を聞く」ということは、親は具体的な行動を何も起こしていませんが、子どもにとっては、「愛された」ということを実感できる対応なのです。そして、愛されたと実感できる体験をした者が愛することを学び、愛することができるようになります。

「一二の障害になるいい方」が、親が愛しているつもりでいるのに、子どもには愛されていないと感じさせてしまうのと、なんと対照的な違いでしょうか。

能動的な聞き方は慣れないうちは難しい、と感じるかもしれません。何しろ、相手の心の中は見えないのですから。相手自身、自分の心の中が見えなくなっていることさえ、しばしばあるのですから。

「私たちは（相手の）心が読めるわけではありません。ベストを尽くしても、推測の域を出ません。ですから、精一杯の推測をしてみることです」と、ゴードン博士はいっています。(7)

能動的な聞き方は、具体的な下記の三つの形をとります。

①繰り返す
②いい換える
③気持ちを汲む

例えば、子どもが「おなかがすいた」といったとしましょう。繰り返すとしたら、「おなかがすいたのね」となるでしょうし、いい換えるなら、「おなかペコペコなんだ」となるでしょう。気持ちを汲むとしたら、「早く食べたいのね」というところでしょうか。

実際の会話の中では、うなずいたり、あいづちをうったりしながら、大事なポイントと思われるところで「能動的な聞き方」をすることで、誤解をさけ、子どもの話や気持ちを確認しながら、正確な理解をするようにします。

このような対応を親がすると、先ほどのなおちゃんの話がどんなふうに、発展していくのか、見てみましょう。

実際に、なおちゃんの母親が、親業の講座を受講中に体験した例です。

なおちゃんが大泣きしてお絵かきに行けなかった後日、母親は自分の気持ちが落ち着いたところで、なおちゃんの気持ちを考えてみました。なおちゃんはどちらかというと、人見知りをする方で、何事も慣れるまで時間のかかるところがあります。そんな娘が自分が決めたこととはいえ、新しいグループに加わるのに気後れしたのは、無理からぬことではないかと思いました。自分にもそういうところがあるよな、そう思うと、母親はなおちゃんが行き渋った気持ちが手にとるように理解できて、その気持ちが受容できます。ここは、能動的な聞き方をして、子どもの気持ちを受けとめてみよう、そう決心した母親はなおちゃんに話しかけました。日曜日のことです。

母　「なおちゃん、お絵かきのこと、どうする?」
なお「(母の顔をチラとみて)……」
母　「(その様子でお絵かきのことを本人も気にしていたことがわかって)迷っているのかな」(能動的な聞き方)
なお「……月曜日だったら、お友達がいるのになあ」
母　「月曜だったら、行きたいと思っているんだ」(能動的な聞き方)
なお「ウン、火曜日は初めてだし、知った子もいないから……」

母　「不安なのね」（能動的な聞き方）
なお「火曜日行くこと考えると、すごくドキドキしちゃうし……。すぐに緊張しちゃうんだ」
母　「そう。ドキドキして緊張しちゃうんだ」（能動的な聞き方）
なお「ママもそういうことあった？」
母　「ウン、あったよ。……どうしようか？　お絵かき」
なお「今度の火曜日行ってみて、お友達できなかったら、月曜日に戻してもいい？」
母　「そうね。その時は先生にご相談してみましょう」

次の火曜日、「ああは言ったものの、本当に行けるのだろうか」という母親の不安をよそに、なおちゃんは迷うことなくお絵かき教室にでかけていきました。そして、元気よく帰ってくると、「火曜日にもお友達ができたから、続ける！」と宣言したのでした。

親が「一二の障害になるいい方」をした時と、能動的な聞き方をした時とでは、なおちゃんの反応はなんと大きく違うことでしょう。なおちゃんの気持ちをそのまま返してみたら、なおちゃんは不安な気持ちを吐き出すことで、気持ちが落ち着いて、自分自身で解決策まで考えることができたのです。

そして、自分で決めたことが実行できた時、なおちゃんは自信を持てて、ひとつ大きく成長したといえるのではないでしょうか。

(3) いろいろな事例から

親業の講座では、毎回宿題がでます。学んだことを、実際に家庭で試してみよう、というわけです。そんな実践のご報告の中から、この「能動的な聞き方」を試してみたという例を、いくつかご紹介しましょう。

この本ででてくる事例の多くは親業の講座を受講した方の宿題や感想です。親業の機関紙「おやぎょう」や「教師学ニュース」「看護ふれあい学ニュース」からの転載のものもあります。どこの誰かがわからないように、例えば名前を仮名にしたり、若干の変更をしてご紹介しています。

実際の事例にふれることで、皆さんは「能動的な聞き方」がどんなものかを実感できることでしょう。

①アトピー性皮膚炎の子どもの気持ちを受けとめると

能動的な聞き方は思いがけない力も発揮する、そんなご報告です。

二歳の次男がアトピー性皮膚炎で苦しんでいる親子の会話です。

抗アレルギー剤を飲み、クリームを塗っても、夜布団の中で体が温まってくると、かゆみが強くなってしまいます。夜中に三、四回一緒に起きては薬を塗ったり、かかせないように手を握ったり、親子共に熟睡できない日が続きます。

次男　（腕をボリボリかき始める）

母　（掻いている手を握って、かかせないようにする）

次男　（布団にかゆいところをこすりつけてかゆみを紛らわせる）

母　（次男を仰向けにしてクリームを塗る）

次男　（我慢できず、もっと掻こうとする）

母　**「とてもかゆいみたいね。辛いんだね」**（能動的な聞き方）

次男　「ウン（すすり泣きながら、何度もうなずく）」

母　「ここところがかゆいのね（といいながら、手をあててやる）」（能動的な聞き方）

次男「ウン（うなずく）」

母　「とても辛いのね。かゆいので、我慢できないよね（といいつつトントンとたたく）」（能動的な聞き方）

次男（急に疲れた様子で目を閉じる）

母　（次男が寝付くまで、五分ほど、トントンしてやる）

〔母親の感想〕

「かかせないように、と気が焦るのと、何度も起こされてイライラして、つい、『もう、いい加減にしなさい』と言ってしまったこともありました。でも、こういう対応を試してみて、驚いたのは、辛いのだ、という気持ちを受けとめることで、かゆみそのものを和らげることができたことです」

気持ちがわかってもらえると、身体的症状も緩和することがあります。看護や介護の現場で、看護者や介護者と患者や介護される人とのコミュニケーションがスムーズになることで、信頼関係が生まれ、身体的症状が緩和されたり、自立がうながされたりします。親業が「看護ふれあい学」という形で、医療現場でも力を発揮する所以です。

②四歳の子どもも自分で考えて（機関紙「おやぎょう」）
カナブンが逃げてしまった、登園途中での会話。

子「お母さん、カナブンを先生に見せてあげようと思ったのに逃げちゃったよ」（おこって歩こうとしない）
母「**そう、カナブンが逃げてくやしいのね**」（能動的な聞き方）
子「お日さまがあたると、キラキラ光ってきれいだったんだよ。みんなに見せてあげようと思ったのに」
母「**みんなに見せてあげたかったのね。**」（能動的な聞き方）
子「うん、お母さん、どうしよう。カナブン逃げちゃったよ」
母「どうしようねえ」
子「わかんないよ」（おこった顔）
母「……………」

子「そうだ。松の葉っぱでおすもうしよう！（松の葉が切れないように引っぱり合うゲーム）ねえ、お母さん、坂の道で葉っぱひろって行こう」（そういってどんどん歩きはじめました）

〔母親の感想〕

「それが、きっと子どもの出した結論なのでしょう。幼稚園に着いて「先生おはようございます」と元気にあいさつをしました。親が考えもしなかったような、子どもなりの解決策を出す姿に驚きました」

親は子どもに「お母さん、どうしよう」などと言われると、何か答えを出してあげないといけないような気になって、ついつい提案したりしがちです。例えば、「また今度、つかまえればいいじゃない」とか。でも、提案する、ということは、親が子どもの解決能力を信じていないことを示すものでもあります。このお母さんがしたように、子どもの気持ちを受けとめながら待つことで、子どもなりの解決策が得られることがあります。意見をいわずに待つことは親として忍耐と意志力を要求されますが、それが、子どもの自発性と成長を促し、同時に親自身を人間として成長させることにつながるともいえましょう。

③姉妹げんかもそれぞれの気持ちを聞くと（機関紙「おやぎょう」）

きょうだいげんかはいつも、親にとっては、頭痛の種です。そして、つい親が「裁判官」をしてしまうことが、さらにきょうだいの関係を悪くしてしまうことがおこりがちです。

能動的な聞き方をしようと思っても、二人いっぺんに言ってこられると、親はオタオタしてしまうことが多いものですが、基本は同じ、一対一、それぞれの気持ちを聞くことです。

二人の娘（九歳と六歳）が歯磨きをしようとして、ささいなことでけんかをはじめたので、各々のいい分を聞くことにした。

姉「ささなんか大嫌いだ」

母「**さきのことが嫌いなの？**」（能動的な聞き方）

姉「うん、だってぶつかっても、あやまらないんだもの」

母「**そう、あやまらないの？**」（能動的な聞き方）

姉「うん、それに友達と遊んでると邪魔するんだもの」

母「そう」

妹「だって、姉ちゃんが何してるか気になるんだもん」

母**「さきは気になるのね」**（能動的な聞き方）

妹「姉ちゃんが好きで、同じことがしたいの」

母**「さきは、姉ちゃんが好きだから、同じことをしたいのね」**（能動的な聞き方）

妹「本当はね、一緒に遊びたいの」

母**「一緒に遊びたかったんだね」**（能動的な聞き方）

姉「じゃあ、木曜日遊んであげる」

〔母親の感想〕

「さきは大喜びで、紙に月×火×水×木○と書き、姉もニコニコして、スッキリした様子でした」

母が子どもたちそれぞれの気持ちを聞くことで、それをそばで聞いていた子どもたち同士も互いの気持ちが理解できました。親がどちらが悪いと決め付けて叱ったり、仲良くしなさいとお説教するより、どれほど気持ちのよい結果が得られたことでしょう。

④一番話したかったこと（機関紙「おやぎょう」）

能動的な聞き方を実践するチャンスは、子どもが問題をもっている時であり、それは「サイン」をキャッチできれば、わかります。

「サイン」は誰がみても明らかな場合もありますが、子どもによってもいろいろな出し方がありますし、例えば、「食事のときにあまり食べない」という同じ行動であっても、子どもによっては「サイン」である場合もない場合もありますから、一概に決めつけることはできません。

しかし、そのサインを敏感にキャッチすることができれば、それだけ敏速、的確に、子どもの問題解決を支援できることになります。

親業を学び、「行動の四角形」を作る訓練をすると、親は子どもの出すサインに敏感になってきます。子どもの行動が「行動の四角形」のどこに入るだろうか、と考える中で、いわば、サインをキャッチするアンテナが磨かれてくる、ということです。

例えば、「ドアをバタンと閉める」「階段を足音高く上る」などの行動は、無論ただの乱暴な行動である可能性もないわけではありませんが、子どもが何か問題をもっていることを示すサインである場合も多いのです。「ただの乱暴な行動」としか思えない時は、親は「うるさい」とその行動に対して「非受容」な気持ちでいますが、「あれ、なにかイヤなことがあったのかな?」と思う時、親の気持ちは子どもの行動を受容でき、子どもの話を聞いてみよう、という思いになれるのです。

これからご紹介するのは、お母さんが子どものサインを的確にキャッチできた事例です。

八歳の男の子、めずらしく、一緒に寝たいとせがまれ、布団の中での会話です。

子「あーあ、学校好かん!」

母**「学校好かんの?」**(能動的な聞き方)

子「そうちゃ。三宅島の話があって、ボクのこと三宅島っていう」

(姓が三宅島と似ているため)

母**「三宅島っていわれるのがイヤやったんやね」**(能動的な聞き方)

子「それに、一組の子が口の中のお茶をボクにかけた」

母「そう」

子「お気に入りの服だったのに」

母 「三宅島っていわれたり、お気に入りの服を汚されて、学校が好かんようになったんやね」（能動的な聞き方）

子 「まだある」（泣き出す）

母 「そんなに悲しいことがあったんだったら、知りたいな」

子 （涙……涙……涙　母もらい泣き）

子 「ボクの髪の毛が赤いって、たくさんの人がいうもん」

母 「髪が赤いのは、お母さん似よ。でも、**隆君は、そういわれるのが悲しいんやね**」（能動的な聞き方）

子 「うん」

母 「お母さんも小さい時、外人って言われて悲しかったから、隆君の気持ち、わかるよ」

子 （涙……涙）

母 「病気で髪がなくなる人もいるんだし、赤くても隆君の髪だから、好きになってほしいな」

子 「……うん……」

母 「黒く染める？」

子 〈首を横に振る〉
母 「そう、染めなくていいのね」
子 「うん」

〈母親の感想〉
わたしの胸の中で、手をしっかり握り寝つく。長男が一番話したかったのは髪のことであったのだろう。最後は、思わず、同意したり提案したりしてしまったが、長男は、わたしにわかってもらったと思っただろうか？

「めずらしく、一緒に寝たいとせがむ」ことが、ひとつのサインだったのではないでしょうか。頭ごなしに「もう、大きいのに」と拒絶していたら、長男の辛い思いは聞けないままだったかもしれません。

そして、苗字のことでイヤだったことを話し始めたときも、「そんなこと気にしないの」といっていたら、本当にイヤだと思っていた髪の話までたどりつかなかったかもしれません。

親がしっかり子どもの気持ちを聞くことができたことで、子どもは本当にイヤで辛いことも吐き出すことができました。気持ちを受けとめてもらえたら、それに直面していく勇気も与えられるのではないでしょうか。

すべての子どもたちがイジメにあった時、こんなふうに親に打ち明けることができたら、と願わずにはいられません。

⑤脳卒中で倒れた母に能動的な聞き方をして

親業はまた、子どもとの関係だけでなく、親が親自身の親との関係に生かすことも無論可能です。

講座受講生から、ある時こんな電話がありました。

「一年前に、息子（受講当時小学校五年生）との関係見直しに講座を受けて、本当によかったと思っています。実はおもいがけず、母が脳卒中で倒れたんです。母にしてみれば、気がついたら病院で身動きならない状態でしょう。家に帰りたい、と不自由な体で大騒ぎしたんです。まわりの人は病気なんだからしかたないでしょ、とか、早く直してそれから帰ろうね、とか、いうんですけど、母はよく回らない舌で、「帰りたい」、の一点張りで。ちゃんとしゃべれないのがもどかしいんでしょうね、暴れて大変だったんです。わたしが親業の能動的な聞き方を思い出して、『お母さん、目がさめたら病院でびっくりしたのね。早く家に帰りたいんだね』っていったら、スッと落ち着いたんです。母とは若い時から何かとわだかまりがあったんですけど、何十年ぶりかで手を握りました」

明るい受講生の声に、嬉しくてわたしも胸がいっぱいになってしまいました。

子どもとの関係をよりよくしたいと思って受けた講座が、自分の母親との関係を修復する一助になったのです。これも一つの親子関係で、そこに影響を与えることができたのです。親業はあらゆる親子関係に生かされるといえます。

⑥介護の場面で

そう、そう、こんな介護の事例もあります。

五〇代の娘と八〇代の母親との会話です。

母親は最近寝る時だけ紙オムツをしているが、やっぱり抵抗があるようです。

娘「おばあちゃん、夜になったから、紙オムツをしようね」
母「やっぱり、紙オムツをしないとダメかね。大丈夫なんじゃないの?」
娘「**紙オムツをしなくても大丈夫だと思っているんだ**」(能動的な聞き方)
母「朝起きても紙オムツがちっともぬれていないから、わたし、全然もらしてないのよ」
娘「**全然もらしてないって思うのね**」(能動的な聞き方)
母「うん、でも、やっぱり、して寝るかね。心配だし」
娘「**ちょっと心配なんだ**」(能動的な聞き方)
母「夜は長いしね。紙オムツしていた方が安心だね」
娘「**紙オムツしていた方が安心できるのね**」(能動的な聞き方)
母「そうね、夜目が覚めてトイレに行こうかなあと思うと、すぐ出てしまう時があるから、オムツしていた方がいいね。走ってトイレに行けないしね」

誰もがいずれ迎える老後。
娘に「オムツをしなくちゃダメじゃない! 濡れていないなんていって、最近のオムツは一回分くらいの尿を吸収してしまうことくらいわからないの?」などと叱られながら、オムツをする母親の姿は想像するだけでも悲しく、痛ましいですね。

介護の場面でも、親業がもっと広がってほしい、と願わずにはいられません。

⑦夫婦の会話（機関紙「おやぎょう」）

親業は、無論、親子だけでなく、夫婦の間にも心の架け橋を作ります。

教師である夫の学校で、五年生のクラスが授業がなりたたない状況にあります。夕食の時、夫がため息をついて、「今日も腹がたった」というので、子どもたちが眠ってから、妻が話を聞きました。

妻「いやなことがあったんだ」

夫「そう、Aさんの言い方、頭に来るんだよ」

妻**「腹がたったんだ」**（能動的な聞き方）

夫「そう、自分の考えばかり押し付けるようないい方で、上から上からいうんだよね」

妻**「Aさんのいい方に腹がたったの」**（能動的な聞き方）

夫「うん！オレたちは五年生のクラスを何とかしたいと思って動いているのに、協力はせず、何も変わらんとかいったり、生徒から様子を聞きだしたりするんよ」

妻「Aさん、あんまり協力してくれんの」（能動的な聞き方）

夫「協力せんていうかね、生徒が何かいってきたのなら、それをそのまま教えてくれたらいいいんよ。〝私が一番何でも知っている〟とか、聞いていていい気持ちがせんのよね」

妻「Aさんのいうことに、いい気持ちしないのね」（能動的な聞き方）

夫「そうそう、でもね、Aさんにいちいち腹立てている暇はないんよ。クラスを何とかしないといけんし、オレの仕事もたくさんたまっているしさ」

妻「やらなきゃいけないことといっぱいあるんだ」（能動的な聞き方）

夫「うん、きついけど、子どものためよね、何でもさ。明日も頑張らんとね」

〔妻の感想〕

「今までは、何か答えを出してあげなくては、と思うあまり、説教じみたことをいったり、提案していたように思います。夫の気持ちに寄り添うことで、会話が進んだ気がしました」

外でのいやな出来事を互いに話せて、翌日はスッキリとして、また頑張れる、そんな夫婦のいる家庭では、どんなにか安らぎがあることでしょう。そして、その二人の姿は、子ども達にとっても、よりよいコミュニケーションの具体的なモデルになるに違いありません。

(4) 態度や表情から聞くこと、それも「気持ち」を聞くこと

中学校や高校の講演会などで、お話をすると、よく、こんな質問がでてきます。「子どもの気持ちを聞くことが大切なことはよくわかりました。試してみたいとも思います。でも、子どもは悩みごとを話してくれないんです。ろくに口もきいてくれません。こんな状態では、能動的な聞き方を使うチャンスがありません」

この能動的な聞き方は、言葉によるやりとりとはかぎりません。

態度や表情を「能動的に聞く」場合もあるのです。例えば、今までの対応のまずさから、何をきいても、「べつに」「ふつう」としか応えてくれなくなった親子関係の場合、子どもが自分の心配事や悩みを自分から話してくれる可能性は、確かに低いでし

よう。

そんな場合でも、子どもの態度や表情をサインとしてキャッチした親が、気持ちを「能動的に聞く」ことは可能なのです。

こんなふうに、です。

高校一年生の茂男が、夏休み明けの期末テストから帰ってきました。いかにも、気落ちした様子です。母親は、今までこんな時、「テスト、できなかったんでしょう」と話しかけてきました。すると、茂男はいつも、「うるさい！ほっとけよ！」と余計不機嫌になって、イライラしてしまいました。

能動的な聞き方を学んだ母親は、今茂男の心の中はどんな思いだろうか、と精一杯、推測してみました。

そして、こんなふうに、言葉をかけたのです。

母　**「なんか、憂うつそうね」**（能動的な聞き方）

茂男「（顔をあげて）ああ、ヤマはずれちゃってさあ」

母　**「そう、がっかりしてるんだ」**（能動的な聞き方）

〈母親の感想〉

「久しぶりの会話でした。　親子の絆を取り戻すためのきっかけを少しつかめたように感じた一瞬でした」

言葉だけがサインではない、態度や表情も子どもの心の中を推測する重要なサインになることを、ここで学ぶことができます。

この事例は、もうひとつ、能動的な聞き方について、重要なことを私たちに教えてくれます。

能動的な聞き方は、子どもの気持ち（気落ちしている）に焦点をあてるものであって、事柄（テストができなかった）に焦点をあてるものではない、ということです。

事柄に焦点をあてられると、こどもは、図星をさされた思いでかえって反発します。

親はつい、「事柄」について、根掘り葉掘り聞きたくなりますが、それは、「事柄」を聞いて自分の判断の材料にして、自分が問題を解決しようとするためです。問題解決の決定権を子どもが握っている、とするならば、「事柄」についてあれこれを知る必要はなくて、大事なのは、子どもの「気持ち」なのだ、ということがはっきりします。

(5) 能動的な聞き方は言葉を育てる

能動的な聞き方は、いくつくらいの年齢から使えるのでしょうか、というご質問もよく受けます。

能動的な聞き方は、まだしゃべれない赤ちゃんに対しても、使うことができます。むしろ、言葉が未発達の乳幼児に対して使われる時、重要な意味をもつのです。

ポカポカと温かい日差しの中、お母さんは一歳のケンちゃんをひざにのせて、一緒に絵本を見ています。ケンちゃんが大好きな自動車の絵本です。

「あ」とケンちゃんが絵本の中を指さします。お母さんは、「ああ、自動車ね」と応じます。ケンちゃんは満足そうにうなずくと、今度は別の絵を指して「ンン」とお母さんを見上げます。お母さんは「パトカー、パトカーはピーポ、ピーポ、っていうね」と言います。

お母さんなら、誰でも記憶にある、こんな場面。

大好きな自動車の名称を言いたいケンちゃんの気持ちを汲んで、お母さんが言葉で返しています。無意識のうちに「能動的な聞き方」をしているのです。「能動的な聞き方」というと、何かむずかしいことのようですが、言葉を話せない乳児期には、どの母親も子どもの気持ちを汲んで言葉で表現する対応をしてきたはずなのです。

抱っこしてほしくて、「ンン」と手をあげる子どもに対して、「だっこ、だっこね」という、ころんで泣いている時、「痛かったね」という、どれも子どもの気持ちを汲んでそれを言葉で表現して返す対応です。それはまさに能動的な聞き方に他なりません。

子どもが感じている思い、感覚、感情をお母さんが言語化することで、子どもの言葉が育っていくのです。能動的な聞き方こそ、言葉を育てる対応の仕方なのです。

さらに、この「能動的な聞き方」は、言葉だけでなく、感情も育てます。

夕方、長男（七歳）と次男（四歳）がリビングで遊んでいました。突然、大きな泣き声。母が行ってみると、次男が母の体にしがみついてきて、怒ったように泣き出しました。

母　「どうしたの？」

次男「（足を押さえて、泣き続ける）ひろちゃんが、ここ蹴った！」

母　**「そうか、そうか。痛かったのね」**（能動的な聞き方）

次男「ちがう！オレ何もしてないのに、ひろちゃんが蹴ったの！」

母　**「ああ、たかちゃんが何もしてないのに、蹴られたから、悔しかったのね」**

（能動的な聞き方）

次男「（コクンとうなずく。だんだん涙がとまってきて、いつのまにか、また、リビングで遊び出す）」

〔母の感想〕

『痛かったね』といったら、『ちがう』といわれた時は、少し驚きました。きちんと彼が訂正してくれたので、さらに驚きました」

この年齢の子どもは、まだ感情表現がへたです。否、今、思春期の子どもも含めて、感情表現がへたな子どもが大変増えています。

様々な感情を表す表現を学んできていないのです。

この場合も、四歳の次男は自分から自分の気持ちを言葉で表現することはできません。でも、母親がこどもの気持ちを推測して言葉で表現したことで、子どもはこのムカムカする腹立たしい思いが痛みに対するものではなく、理不尽な行為に対する怒りであり、これが「悔しい」なんだ、と気づきました。

感情表現の言葉が育つ、ということは、感情が育つことでもあります。感情表現を表す言葉があってこそ、いろいろな感情の存在に気づくからです。

自分の中のいろいろな感情に気づくこと、それを否定されないこと、その感情を言葉で表現すること、それらは、自尊感情を育て、自己表現を育てる上で、欠かせない要素となるのです。

(6) 能動的な聞き方が「うまくいく」ということ

ところで、この能動的な聞き方をやってみて、「うまくいかなかった」という報告を受けることがあります。

私達は生まれてこの方、「一二の障害になるいい方」を使い、使われてきたのです。こういう表現が習慣になっているのですから、ここで新しい理論を学んだだけで、すぐこの「気持ちを理解する」対応を使いこなすのは、難しいのは当然といえます。練習が必要なのです。

それは、いくら、水泳の教科書を読んで泳げるようになる理屈を学んでも、実際に水に入って体で覚えないと身につかないのと同じです。

気持ちを聞こうと思っていても、つい今までの習慣で障害になるようないい方が口をついて出てしまうことも多いし、自分が問題を所有しているにもかかわらず、そういう自分の気持ちに気づかないで、「聞かなければ」と思ってしまうことも多いのです。

また、受容できると思って聞き始めても、子どもを一個の、自分とは別の存在として位置づけられないと、途中で聞けなくなる場合もあるし、子どもは自分自身で解決する力をもっている、と「信頼」できないと、聞くことに徹することができません。つい、助けたくて、提案したり、指示したり、自分の問題として抱え込んだりしたくなるのです。

でも、別の理由で「うまくいかなかった」と思い込む場合もあります。「うまくいく」ということを、何か親自身も望むような結果が得られることのように思ってしまう場合です。

勉強したくない、という子どもに「能動的な聞き方」をすることで、やる気にさせる、とか、「クラブ活動をやめたい」という子どもを思いとどまらせる、とか、何か「好ましい」結果がえられないと、「失敗した」と感じてしまうのです。

しかし、「うまくいく」ということは、親の思い通りに子どもを動かすことではありません。

「能動的な聞き方」は、ただ子どもの思いを反響板のように返す、それだけを行っているのです。子どもが自分の話をしていくことで、思考が発展して、自分なりに何か結論を出す場合があります。それは子どもが出した結論であって、親の望む結論と一致するとはかぎりません。そして、それでよいのです。むしろ、親がなんらかの「望む結論」を持っていると、つまり、こういう方向に行ってほしい、という思いがあると、純粋に「聞く」ことに集中できず、子どもを操作したくなり、聞くことにも失敗します。聞いているつもりでも、親の隠れた意図がついつい顔を出して、「反響板」になりきれないのです。

どうしてもこういう方向に行ってほしい、という親の明確な意図がある場合には、「聞く」ことではなく、別のコミュニケーション方法を使う必要があります。それについては、第五節で説明します。

「能動的に聞く」ということは、親の思い通りに子どもを動かすのではなく、子供の思いを「聞く」ということですから、当然会話の最後の結論は、子どもが自ら到達したものなのです。それは親が「聞く」ことによる成功の一つの姿なのです。

また、子どもなりの結論がでないまま、ということもあります。聞いてもらって「気がすむ」という場合です。そんな場合でも、親は、何かそれなりの反応をあてにしてしまいます。たとえば、「聞いてくれて、ありがとう」とか「気がすんだよ」とか、「元気がでた」とか言ってもらえる、というようなことです。それがないと、「能動的な聞き方」を使ってみたが、効果がなかった、と思ってしまうのです。

しかし、実際の場面では、こんなことがよくあります。

中学一年生の和子さんは、夕食が終わっていつもなら、サッサと自分の部屋に引き上げるのに、なんとなく、居間をウロウロしています。母親は、おや、と思って声をかけました。

母　「なんか、気になってる？」

和子「明日、テストが返ってくるの、どうしよう」
母「期末テスト、返ってくるのが、心配なのね」
和子「ああ、ドキドキする」
母「不安なんだ」
和子「そりゃそうだよ。ああ、やんなっちゃう」
そういいながら、部屋へ引き上げていきました。

この会話では、結論がでたわけでも、「ありがとう」の言葉もあったわけではありませんが、これは「能動的な聞き方」が「うまくいかなかった」例でしょうか？

そうではありません。母親は子どもの気持ちに寄り添って言葉かけをしました。それで充分なのです。おそらく、居間でウロウロしていた時の表情と、「やんなっちゃう」といいつつ、引き上げていく時の表情とは、ずいぶん違ったはずです。ちょっと聞いてもらったことで、ずいぶん気持ちが楽になったに違いありません。おそらく自分の部屋に入ってから、安定した気持ちで机に向かうことができたことでしょう。

逆にこんな対応をされたら、和子さんの気持ちはどうだったでしょうか。

和子「明日、テストが返ってくるの、どうしよう」

母「今になってそんなこと、心配するくらいだったら、なんでもっと、ちゃんと勉強しておかなかったのよ！」

和子「うるさいなあ！」

お母さんは「親に向かってその言い方は何！」と言い返すかもしれません。そこで、親子げんかが始まる可能性もありそうです。互いに不愉快な思いになることでしょう。そうならないまでも、少なくとも、和子さんは「いわなきゃよかった」と後悔するに違いないのです。

こんなやりとりのあとでは、和子さんはイライラした気分でしょうから、自分の部屋に行ってからも、すぐに勉強にとりかかるのは難しいでしょう。音楽を聞いて気を落ち着かせたり、マンガを広げて気分転換を図らずにはいられないかもしれません。そして、親に対して腹立たしさを感じて、もう話をすまい、と思ったりする可能性もあります。

両者の対応を見比べてみれば、どちらが親子関係をよくし、子どもの気持ちを安定させていくかは、一目瞭然ですね。

こんな何げない日常のやりとりが、親と子の関係を築く方に働きもすれば、壊す方にも働くのです。

そして、子ども自身の落ち着き、安定性、問題解決能力などにも、積み重ねによる違いが生まれてくるに違いありません。

第五節　親が自分を援助するためのコミュニケーション

それでは、今度は、親が子どもの行動で、自分が問題をもった時（行動の四角形を書いた時、（Ⅲ）に相手の行動が入る場合）の対応法について、考えてみましょう。

先ほど、子どもが問題をもった時、子どもを支援するためのコミュニケーションと、親が問題をもった時、自分を援助するためのコミュニケーションは、違う、といいました。

子どもが問題をもった時、子どもを支援するためのコミュニケーションは、「聞く」ということでした。

親が問題をもった時、自分を援助するためのコミュニケーションは、「話す」ということです。

一般に、「話す」ことは親にとってやりにくいことではないように思われます。親は子どもにいろいろ話しかけていますし、ときには、子どもが「うるさいなあ」と辟易するくらい、くどくどと、話しかけています。幼い子どもの一挙手一投足に親が口を挟んでいる姿も稀ではありません。

しかし、それだけ言葉を口にしながら、親は話し下手ともいえるのです。それは、親の率直な気持ち、感情が語られていないことが多いからなのです。

子どもに親の気持ちが伝わりやすいような話し方の工夫がないのです。

普段、私たちは子どもの行動を受容できない時、どういう対応をしているのでしょうか。考えてみましょう。

(1) 親の気持ちが伝わらない対応

例えば、以下のような場面です。

子どもが約束した時間に帰ってきません。心配して、心配して、イライラしながら、あなたは帰りを待っています。時計の針が約束の時間をだいぶ過ぎた頃、やっと、子どもが帰ってきました。

事故にあったのではないか、事件に巻き込まれたのではないか、とどんなに親は心配をし、どんなに不安な思いでいたことか。無事帰ってきたこどもの姿を見た途端、たいていの親のセリフはこんなふうになります。

「なにやってたの！
今何時だと思っているの！
なんで電話の一本もできないのよ！
お母さんがどんなに心配しているかわからないの！
中学生にもなってそんなこともわからないの！
全く何考えてるのよ。
いつもいつも心配かけて、それで平気なの。
本当に思いやりのない子ね。
あなたはいつもそうなんだから、無神経よ」

親はたくさんの言葉を口にしています。話しているのです。それでも親の思いは語っていません。親の心配していた思いを子どもに伝えていないのです。

このように親からいわれた子どもは、家に帰ってきたら、いきなり怒鳴られた、叱られた、非難されたと感じるのではないでしょうか? 場合によっては、自分は親に拒否された、とさえ感じるかもしれません。

自分は悪い子なんだ、ダメな子なんだと子どもに感じさせたり、反発や、反抗を招く可能性すらあるいい方です。そのうえ、親が自分のことを心配していたからこういっている、との親の思いは届きにくい表現といえるのです。

これらの表現に共通するものがあるのが、おわかりになりますか?

主語が共通しているのです。これらの表現は、すべて「あなた」が主語になっています。

あなたは、なにやってたの!
あなたは、今何時だと思っているの!
あなたは、なんで電話の一本もできないのよ!
あなたは、お母さんがどんなに心配しているかわからないの!
あなたは、中学生にもなってそんなこともわからないの!

あなたは、全く何考えてるのよ。
あなたは、いつもいつも心配かけて、それで平気なの。
あなたは、本当に思いやりのない子ね。
あなたはいつもそうなんだから、無神経よ。

「あなた」を主語にしたいい方は、子どもについて語っています。親の子どもを思う気持ちや親がもっている感情については語ってはいません。だから、親の思いはこれらの言葉では子どもに伝わりようがありません。なぜなら、親が語っていないのですから。

しかし、日頃、つい親が口にしがちな対応でもありますね。

さらに、この「あなた」を主語にしたいい方は、次の三つのポイントを満たしていない対応でもあります。

①目的を果たすうえで、効果的か
②いったことで相手の自尊心が傷つかないか
③わたしとの関係を損なわないか

①効果的か

親は子どものことを思ってガミガミいうけれど、自分の言葉が相手の行動を変えるのに効果的かどうかをあまり考えていないことが多いですね。

効果的どころか、子どもにとって親の小言ほどわずらわしいものはありません。

②いったことで相手の自尊心が傷つかないか

親は子どもに対しては、この点もあまり考慮していないことが多いのです。

しかし、今スクールカウンセラーとして中学校の相談室にいて、痛切に感じるのは、そこに来る子ども達の自尊感情の低さです。「どうせオレなんて」とか「わたしはできないから」「バカだから」という言葉が簡単にでてくるのです。切なくなります。そういう生徒は、努力せずにあきらめたり、初めから高い目標を設定しようとしない傾向があります。

例えば、子どもの勉強意欲をたきたてるつもりで、「(あなたは)どうしてこんなやさしい問題ができないの！」「(あなたは)間違えてばかりいて、バカじゃない！」などと親がいうと、子どもは「自分はこんなやさしい問題もできないほど、ダメなんだ」「バカなんだ」と自分を卑下してしまい、「どうせ勉強しても、できないんだ」「バカだから、勉強しても仕方がない」とますますやる気を失うことがあります。

親が子どものためを思って言っている言葉が、子どもの自尊感情を奪って、子どものやる気をそいでいるとしたら、こんなに残念なことはありません。

③わたしとの関係を損なわないか

親子関係は切っても切ることができない、と思っている親は多いものです。だからこそ、つい油断して、子どもを傷つける言葉を平気で口にしがちです。

しかし、コミュニケーションをとることで、相手との関係が悪化するようでは、意味がありません。

中学生三〇〇〇人を対象にした意識調査によると、「親に対してどなったり暴れたりしたいほどに不愉快に思うことがありますか」という問いに、生徒の六四％が「ある」と答えており、その理由は「くどくど小言をいわれたとき」が七四％で、一番多くなっています。くどくどいうことは効果的でないばかりか、親子関係を悪化するものです。

この「あなた」を主語にしたいい方を、親業では、「あなたメッセージ」といいます。

相手の行動について「あなた」を主語に語るのですから、親の思いを語っているわけではありません。親の思いは子どもに語られていないのです。そして、親のいう通りに子供が行動したら、親は満足するかもしれませんが、子どもは自分で考える機会を奪われるので、自主性を育てる機会がなく、指示待ち族となっていくプロセスがここにあります。

これらの対応は、子どもの問題解決を阻む対応で出てきた「一二の障害になるいい方」そのものでもあります。

すなわち、普段親は子どもが問題をもっている時も、自分が問題をもっている時も、同じ表現をしている、ということなのです。

というよりも、誰が問題の所有者か、と自分の気持ちをみつめることなしに、つまり、自分がイヤなのか、相手が悩んでいるのか、分けることなく、子どもに対して、とやかくいっている、ということです。

(2) 親の気持ちが率直に伝わる対応

考えてみると、親は意外なほど子どもに自分の気持ちを伝えていないものです。親の本音を語ることは、親の沽券《こけん》にかかわる、と思っている人も多いですし、子どもの行動をガミガミいうことに慣れすぎていて、自分の本音が見えなくなっている親さえ、少なくありません。

しかし、親が真剣に子どもに向き合い、本音で自分を語る時こそ、子どもは人間としての親に親しみをもって、尊敬するのではないでしょうか。

それでは、親の本音を伝える対応とは、どのようなものになるのでしょう?

親が「わたし」を主語にして、自分の思いを「語る」ことです。

例えば、先ほどの子どもが約束の時間より遅く帰ってきたときの場面で考えてみると、次のようになるでしょう。

「ああ、よかったぁ。
お母さんホント、安心したわぁ。
あなたの帰りが遅いんで、もう心配で心配で、どうしようかと思った。
ごはんもノド通らなかったよ。
ああ、ホントにお母さんホッとしたわ」

これらはすべて、主語をつけるとしたら、「わたし」になるのが、おわかりでしょうか。

わたしは安心した。
わたしはどうしようかと思った。
わたしはごはんもノド通らなかった。
わたしはホッとしたわ。

わたしを主語にして語ると、子どもには、親がどんな思いでいたかが明確に伝わります。

子どもは自分のことを非難されていないから、反発も少ないのです。

「わたしを主語にしたいい方」すなわち「わたしメッセージ」は、「効果的」で、いったことで「相手の自尊心が傷つかない」、「わたしとの関係を損なわない」対応の仕方です。

あなたメッセージとわたしメッセージの違いは図にしてみると、伝わるものの違いがよくわかります。（図9）

伝えたい親の思いはひとつです。心配していたのです。心配していた時に「心配してたよ」という、率直な表現こそが親の思いをまっすぐに子どもに伝えることになるのです。

1）三部構成のわたしメッセージ

「わたしメッセージ」は、以下のような要素を含む三部構成がより効果的です。

①相手の行動
②わたしへの具体的な影響
③わたしの感情

各々について説明しましょう。

①相手の行動

相手のどの行動がわたしにとって非受容なのか、を伝えます。

その時、相手の行動を非難がましくいう

図9

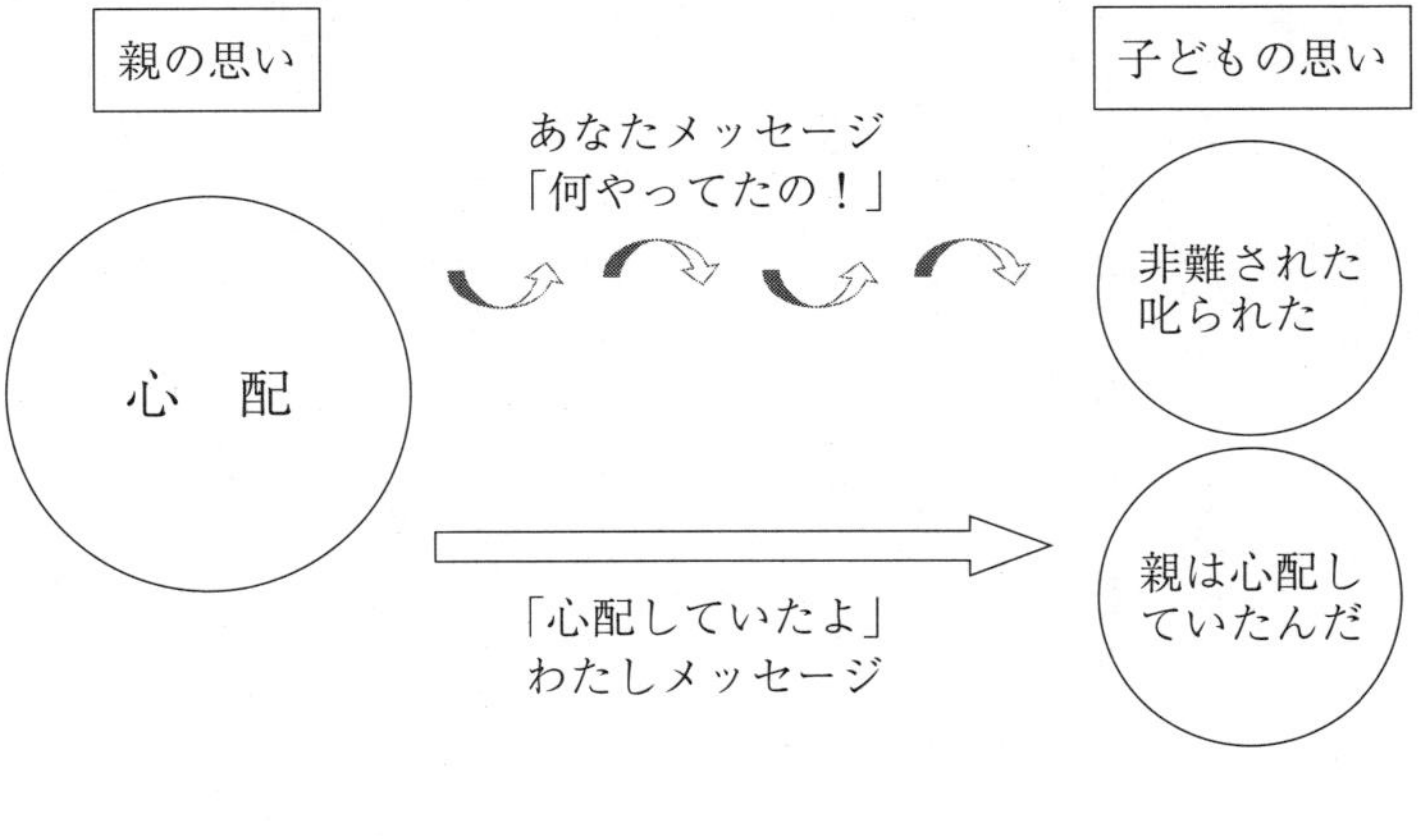

と、当然ながら、相手の反発や抵抗を招きやすくなります。

例えば、「あなたが服を床においておくと」といわれれば、なるほど、置いてある、ということは、否定のしようがありません。でも、「いつもいつも」とか「だらしなく」とかいわれれば、「いつもじゃない、昨日は片付けた」とか、「別にだらしないとは思わない」と子どもからの反発がおこりそうです。一番伝えたい、「服が床にある」ことから、別のことに焦点があたるような表現になっては、効果的とは言えません。できるかぎり、非難がましくないうのが、コツです。

②わたしへの具体的な影響

子どもは自分の行動が、親にどういう迷惑を与えているか、がわかると、行動を変えやすくなります。子どもは親を困らせようと思って何かをやっていることは、あまり多くはありません。子どもは自分のやりたいことをやっているにすぎない行動が、親にとっては、困る、イヤだと感じる場合も多いのです。ただ気がつかないで行っていることについて、なぜ親がその行動を変えてほしいと思っているのかを明確に伝えることで、子どもは納得して行動を変えやすいのです。

③わたしの感情

保健センターの幼児相談で、三歳くらいの年齢でよくあるのが、つい手をだして力に訴えようとする子どもの相談です。

親に子どもが他の子を押したり、たたいたりした時、どんな言葉をかけるか、聞いてみると、まずこんなふうです。

「どうしてぶつの！」

「ぶっちゃダメでしょ！」

「ごめんなさいは！」

これらの言葉に主語を足してみると、見事に「あなた」が主語の「あなたメッセージ」になっています。

それでは、子どもがそういう行動をした時、どんな気持ちがしますか、と聞いてみます。

「そりゃあ、もう、乱暴するのはイヤです。情けなくって」

「相手の子のお母さんにも悪いし、悲しくて」

それでは、そういう親の気持ちを子どもに話したことはありますか？

「え？」親はたいていの場合、そこで、キョトンとします。

「そんなこと、考えたこともありません」

そう、親は、子どもに自分の気持ちを語るなど、考えてもみないことが多いのです。「感情的になって」ものを言うことは多くても、「感情そのもの」を語ることはあまりしていないのです。

しかし、親の気持を伝えるには親が自分の気持ちを語らなければなりません。何げなく行った相手に手を出すその行動が大好きなお母さんを悲しませる行動だ、と子どもが知ることで、手を出すことへの大きな抑止力が生まれます。

以上の三部構成のわたしメッセージで、子どもの行動についての親の思いが明瞭に伝えられるようになりますね。もうひとつ大切なことがあります。わたしメッセージは、親の思いを伝えはしますが、子どもにどう行動すべきか、という、指示・命令はしません。「親が困っている」ことを伝えられた子どもが、親を助けるために自分はどう行動しようか、と考える余地を残しているのです。そこから、子どもの判断力や自発性、責任感が育っていきます。

2）いろいろな事例から

親業訓練講座でのいろいろな報告をご紹介しましょう。

①小さい子にも通じるわたしメッセージ

二歳五か月のたっ君の例です。いつも湯船の中で母の顔にお湯をかけます。

母　　「顔にかけないで」

たっ君は、相変わらず、お湯をかけます。

母　　「顔にお湯をかけると、まだ顔を洗っていないから、お母さんのお化粧がお湯の中に入って、きたなくなっちゃうでしょ。それに目にもはいるの。お母さん、お湯が汚くなると、気持ち悪くてイヤなの」（わたしメッセージ）

たっ君「きたなくなって、イヤなの？（といって、やめる）ごめんなさい」

〔母の感想〕

「これまで、幾度も『顔にかけないで』とあなたメッセージでいってきたが、少しも聞かなかった。今回、わたしメッセージを使ってみて、どんな影響があるのか、何がイヤなのか、を伝えると、初めてわたしの気持ちに気づいたように、ごめんなさい、といってくれた。二歳五か月でも、ちゃんと気持ちが伝わって、驚いた」

そう、二歳五か月でも、親が気持ちを伝えることで、ちゃんと理解ができるのです。母のいったことのすべてを理解できたかどうかはわからないけれど、少なくとも、自分の行動が母親にとって「イヤなのだ」ということはしっかり伝わっています。

ところで、これには後日談があります。このエピソードをお母さんは、お父さんに話したのです。お父さんは強度の近眼のため、眼鏡をかけたままお風呂に入りますが、お風呂に入った時、眼鏡に水をかけられて、困っていました。そこで、お母さんを真似て、わたしメッセージを使ったところ、たっ君はこれもちゃんと理解して、水かけがおさまった、とのことです。

お母さんが親業を学ぶことが、父と子との関係も親密にすることに一役かった、うれしい事例です。

②母親の愛情が伝わると（上級欠席論文橋本佳代子）

四歳のひろ君は、いたずら盛り。今日もステレオのスピーカーの上によじ上ろうとしています。

母　「危ないよ。スピーカーが倒れてくるよ。**お母さん、ひろ君が怪我するのいやだよ**」（わたしメッセージ）

ひろ君　「お母さん、ひろ君好きだから、怪我するの、いやなの？」

母　「**そうよ。大好きなひろ君が怪我するのは、いやなのよ**」（わたしメッセージ）

ひろ君は、すぐにやめました。ひろ君はお母さんの愛情を実感しながら、「自分で」行動を変えることができたのです。子どもの自主性や判断力が発揮されている場面です。そして自分のいったことが子どもに伝わっているとの実感――子どもと心が通い合って、お母さんも嬉しくなった出来事でした。

「やめなさいって、何べん言ったらわかるの！」と怒鳴りながら、子どもの行動を無理やりやめさせるのは、親としても腹立たしいことです。まして、すぐやめてくれなかったら、どれほどイライラすることでしょう。子どもに対する不快感が増すばかりです。子どもにとっても、怒鳴られながら楽しんでいた行動をやめるのはなんと悲しいことか。そこには判断力が育つ余地がありません。自分はいけない子なのだ、と罪悪感や否定的な自己認識がつのっていく可能性があります。

③中学生の息子に思い伝えて

勤めをもっている母親と中学生の息子との会話です。

塾から帰ってきた浩君は疲れている、といってなかなかお風呂に入ろうとせず、いつまでもテレビを見たり、お茶を飲んだりしています。

母　「あなたがお風呂に入らないと、お母さんも片付かないし、体を休めることができないのよ」（わたしメッセージ）

息子　「うん、今やるよ。わかっているから……」（といったものの、やはり動こうとしません）

母　「浩、お母さんは明日も仕事だから、あなたの洋服を洗濯して干せるだけにして、それから眠りにつきたいの。翌日に備えて充分な睡眠をとりたいのよ、お母さんは」（わたしメッセージ）

息子　「わかったよ、うん」

（やおら立ち上がり、その後すぐ入浴。洗濯かごに洗濯物をいれる）

息子　「お待たせー（と機嫌よくリビングに入る）」

〔母の感想〕

「帰宅して『早くしなさい』『何グズグズしているの』と生活の流れをせかせることはあっても、わたしの気持ちはいったことがありませんでした。自分の気持ちをいってみて、気分がいいことがわかり、そのことが息子にも伝わったのでしょう。生活の節目がとてもスムーズになりました」

親の思いを率直に伝えることで、親自身もスッキリします。そして、子どもも非難された時の不快感をもつことなく、行動を変えることができました。ただし、この例のように、「わたしメッセージ」ばかりいい続ければ子どもの行動が必ず変わるというわけではありません。「わたしメッセージ」の後には子どもの言うことに耳を傾ける「聞く」という行動があることが望ましいのです。この例では、「あなたメッセージ」より「わたしメッセージ」の方が親の思いが伝わりやすいですよ、という意味でご紹介しています。

④わさび？　生姜？（機関紙「おやぎょう」）

冷奴を食べている時の夫婦の会話です。

妻　**「私は、冷奴には生姜をつけるのが好きなんよね」**（わたしメッセージ）

夫「おれは、だんぜんわさびやね」
妻「そうなんやね」
夫「そうなんよ」

問題なし領域での何げないわたしメッセージですが、これがいえないことがどれほど苦しいことか。

福岡県に住む大枝ケイさんは、そう語っておられます。

以前は夫に「エーっ、なしか？わさびに決まっとろうもん。信じられん。ぜったいわさびっちゃ！」といわれてしまう、そういわれるのが嫌で、夫にあわせて、わさびをつけていました。

そうした自分をおさえる対応が、いろいろな人間関係に出ていて、ストレスがたまってしまいました。

親業で自己表現の力をつけた今では、自分の気持ちを率直に伝えることができるので、夫の気持ちも「そうなんやね」と受けとめつつ、自分は冷奴に生姜をつけて食べていられます。そんな自然な関係がもてるようになったといいます。

夫婦も、親子も別々の人間、好みだって違っていいのです。自分の気持ちを伝えることで、相手の気持ちを聞くゆとりも生まれ、お互いに何を考えているのかがわかりやすくなります。そうした会話があってこそ、初めて対等な人間関係が築けるのですね。

⑤姑に本音を話して（機関紙「おやぎょう」）

結婚をして七年、夫の転勤で夫の両親と同居することになったひさ江さんは、環境も言葉も違う閉鎖的な地方の暮らしに戸惑うことばかりです。

夫が帰宅する頃、ひさ江さんは子どもを寝かせていて、夫の夕食は義母が支度し、片付けをしてくれます。しかし、ひさ江さんは夫婦の時間をもちたい、とやきもきしてしまうのです。

思い切って、姑に話してみることにしました。

ひさ江さん　「ばあちゃんが、いつもパパの夕食の用意をしてくれるのはありがたいと思っているよ。でも、たまにはその時間に、パパと二人で話をしたいと思うんだ」（わたしメッセージ）

義母　「私がいっと、話がでぎねなら、いなくなっから」

ひさ江さん　**「じゃまにされたと思うのね」**（能動的な聞き方）

義母　「お母さん（ひさ江さんのこと）が疲れてっから、そのまま寝かせてやるべ、と起きていたんだけども……」

ひさ江さん　**「ああ、わたしを休ませてくれようと思っていたんだ」**（能動的な聞き方）

義母　「うん、まあ、私だって見たいテレビもあるし、それならまかせて、休ませてもらお」

ひさ江さん・その夫　「ありがとう」

やっと胸のつかえがとれて楽になった瞬間でした。本音を言ってみたら、義母の行為も嫁への思いやりから出ていたことがわかったのです。義母の思いも能動的な聞き方で受けとめられて、温かい気持ちが通い合いました。

もし、ひさ江さんが本音を口に出さないままだったら、どうなっていたでしょうか？ひさ江さんは義母の態度にイライラして、「察しの悪い姑」と恨みがましく思ったかもしれません。義母は義母で、せっかくの自分の好意を感謝しない嫁に腹立たしさを感じたかもしれません。

本音の交流ができるようになって、ひさ江さんと義母の間は段々と、互いを尊重できる関係に変化していきました。今ではひさ江さんは新しい家族の中で、「この家にいていいいんだ」と、自分の居場所を確認して、安心した気持ちですごせるようになってきています。

⑥何がイヤなのか

お母さんが外で仕事を持っているご家庭での出来事です。このご家庭では仕事の都合上、お母さんが朝一番に家をでてしまいます。夕方帰ってくると、いつも子どもたちの朝ごはんの食器がそのままテーブルに残っているのです。お母さんはそれがいやでたまりませんでした。いつも、「どうして、朝ごはんを食べたあと、片付けないの！」といっていましたが、朝は子どもたちもあわただしく、何べんいわれてもそれができません。

そんなある日、お母さんはわたしメッセージで自分の思いを表現してみました。

母　「朝ごはんの食器がそのままだと、夕ご飯の準備をすぐ始められなくて、ご飯が遅くなっちゃうでしょ。そのあとのことも全部遅れて、寝る前に絵本を読む時間もなくなるかと思うと、お母さんイライラするよ」（わたし

メッセージ）

メグ（九歳）「うん、うん。朝はメグ達忙しいから、片付けは無理かも。もっと早く起きないと。学校から帰ってからなら、できるかも。ねえ、マヨ」

マヨ（六歳）「うん。夕ご飯までに片付ければいいんでしょ？」

母　**「朝は無理だけど、学校から帰ってからなら、時間がとれそうなんだね」**（能動的な聞き方）

メグ「そうだよ。お父さんとお母さんは朝洗っちゃっているから、残りのメグとマヨの分を洗えばいいんでしょ」

マヨ「朝早く起きるより、学校から帰って洗うほうがいいなあ」

〔母の感想〕

「この会話のあと、二人はすぐそれぞれの食器を洗いだしたのには、びっくりしました。その翌日も、下校後、ちゃんと片付けていて、『やったよ！』と二人とも自慢げでした。スゴイ！びっくり！」

ここで大切なのは、母親が受容できなかった行動は本当は何だったのか、ということが明らかになったことだといえます。母親はあなたメッセージで「どうして、朝ごはんを食べたあと、片付けないの！」といっていた時は、「朝ご飯後すぐ食器を洗うこと」しか、選択肢として考えてはいませんでした。しかし、母親が本当にイヤだったのは、実は「夕飯の仕度をする時、後片付けから始めなければならないこと」だったのです。それならば、二人の子どもたちにも可能な選択肢が他にもあるではありませんか。わたしメッセージにしてみて、初めて自分の本当の欲求に気づかされたのです。

わたしメッセージは「わたし」を語っていく。そのことで、この事例のように、自分が本当は何がイヤなのか、何を欲しているのか、が見えてくることがあります。このように、自分を見つめなおすことができるところから、「親業は自分業」ともいわれるのでしょう。

3）わたしメッセージと能動的な聞き方とを切り替える

わたしメッセージは、あなたメッセージと比べて、子どもの抵抗が少なく、反発を招きにくい、いい方です。

しかし、そうはいっても、子どもにとっては、自分の行動に親が否定的な表現で介入してくるのですから、反発したくなる場合もあります。

子どものそんな反発があるとき、親はどうすれば、いいのでしょうか？「わたしはあなたの行動を非受容だ」といったのだから、子どもが反発する気持ちはわかる、と思えれば、その反発する気持ちを受け入れる、そして理解することが可能ですね。

わたしはいいたいことを言ったんだから、今度はあなたの気持ちを聞くわ、というわけです。そして、「親が理解した子どもの気持ち」を言葉で子どもに伝えます。これができると、相手は反発した気持ちを理解してもらえたことで、気持ちが収まってきます。

相手の気持ちが収まってきたら、もう一度、わたしメッセージでわたしの思いを伝えるチャンスが生まれます。

これも、具体的な例から説明しましょう。

地方の大学にいっている娘が久しぶりに帰ってきて、たくさんの荷物をリビングのソファの上に置きっぱなしにしています。なかなか自分の部屋にもっていってくれません。

母　「くみちゃん、ソファの上のたくさんの荷物を自分の部屋に持っていって

娘　よ！」

母　「ソファに座ってゆっくりテレビをみたいのよ」

娘　「ソファの上じゃなく、床に座って見たらいいじゃない」

母　「床に座っても見られる、と思っているんだ。そうねえ。でも、お母さん、腰が悪いから、床の上に座るのはつらいのよ」

娘　「へいへい（といいつつ、荷物を片付け始める）」

はじめ、母親はつい、「持っていってよ」とあなたメッセージを使ってしまいました。すると、娘から強い反発が返ってきたのです。母親は、わたしを主語にして、「ゆっくりテレビをみたい」といい直してみました。しかし、少し反発が返ってきました。この時、母親は一度、「床に座っても見られるはずだ」という、子どものいい分を能動的な聞き方で受けとめてから、もう一度、わたしの思いを伝えています。すると、子どもは行動をおこし、片付け始めました。

こんなふうに、わたしメッセージで反発されたら、子どもの気持ちを受けとめることで、子どもの思いも大事にできます。親の思いを、よりしっかり伝えていくには、もう一度わたしメッセージで自分の思いを表現します。

逆に、まず能動的な聞き方をして相手の気持ちを受けとめたあとで、わたしメッセージをいう、という場合もあります。（機関紙「おやぎょう」）

Hさんの上司は、自他ともに認める几帳面な性格、短気で、とにかく早く準備しておかないと、イライラします。Hさんが急ぐ時に限って、仕事を突然いいつけられることが多く、断りきれなくて困っていました。

課長　「Hさん、今夜使うスライドの点検を今からしてくれないか」
Hさん　「今すぐにするのですね。急いでおられるのですね」（能動的聞き方）
課長　「そうだ。私が出かける前に試写しておきたいのだが」
Hさん　「夜あわてなくてもいいようにしておきたいんですね（能動的聞き方）。でも、私は、訪問先の方と時間を約束しているので、今はできません（わたしメッセージ）」
課長　「今、時間がとれないのか！　夜うまくいかなかったら、どうするのか！」

Hさん　「課長さんは、夜皆さんの前で失敗するのを心配しているんですね」（能動的聞き方）

課長　「そうだよ。先生に悪いし、町会議員も来るのに……」

Hさん　「相手の方に迷惑をかけたり、ご自分が恥をかくのが嫌なのですね（能動的聞き方）。でも私も、待っている方に迷惑をかけたり、信頼を裏切ったりしたくありません。訪問から帰り次第点検をしますので、今はできません（わたしメッセージ）。時間をかけて、ちゃんとしたいと思います（わたしメッセージ）」

課長　「わかった。じゃあ早目に帰ってくるから、頼むよ」

〔Hさんの感想〕

とても強引なので、怒らせてしまうと夜の仕事にひびくので、あきらめようかなと思ったが、勇気を出してメッセージを伝えた。面くらっていたようだが、わかってもらえたと思う。夜は、仕事がうまくいった。

強引な上司に自分の気持ちを言うのは、とても勇気がいります。しかし、能動的な聞き方で上司の気持ちを聞き、わたしの気持ちを明確に伝えることができたことで、仕事もスムーズにいきました。

私たちは会話する時、いつも同じ感情でいるわけではありません。相手の話に共感できて聞ける場合もあれば、話が進むうち、納得できない思いになって、わたしはこう思う、といいたくなったりします。

また、自分の思いを語るうち、相手の反発にあって、反発する気持ちはわかるよ、と相手の思いは受けとめつつも、自分の思いを繰り返し語りたくなる場合もあります。

また、自分がわたしを主語にして語ると、相手も気持ちが高ぶることなく、相手の思いを語り始めて、それに共感できるかもしれません。

そんなふうに、気持ちは「動く」のです。

つまり、気持ちは受容できたり、非受容になったり、変わるのです。

そういうことを考える時、この「子どもの気持ちを理解する―聞く」対応と、「親の気持ちを率直に伝える―語る」対応は、いわばコミュニケーションの車の両輪といえるでしょう。左右の両輪がバランスよく、同じように動く時、車が曲がらず、まっすぐに進むように、親の気持ちに合わせて、この二つのコミュニケーションスキルを的確に使いこなしてこそ、適切なコミュニケーションがとれるのです。

4）肯定のわたしメッセージ

今まで、親が非受容な時に使うコミュニケーションスキルとして、わたしメッセージをご紹介してきました。

しかし、わたしメッセージには、実はいくつかのバリエーションがあるのです。

ここでは、問題なし領域で使われる、人間関係をより豊かにするわたしメッセージのひとつをご紹介しておきましょう。

「肯定のわたしメッセージ」といわれるものです。

「ご飯を残さず食べた」「元気にただいま！　と帰ってきた」などなど、日常生活で、親が子どもの行動でうれしいとか、よかった、ホッとする、などと感じる場面はいくつもあります。

しかし、こういう場面でも、親は自分の感情を表現していないことが多いのではないでしょうか。

「わあ、ごはん、全部食べてくれたんだね。作りがいがあって、うれしいよ」

「元気にただいま！といってくれると、安心するわ」

こんな言葉かけをしているでしょうか。

なかなかいえていないのが、現状ではないでしょうか？

友人に対しては、「お会いできて楽しかったわ」とか「久しぶりにおしゃべりできて、気が晴れたわ」ということができても、子どもやパートナーなどの家族に対しては照れくさくてなかなかいえない、という人も多いのではないかと思います。

しかし、そういう照れくささを乗り越えて、嬉しい時、嬉しい思いを、意識的に言葉にしてみよう、というのが、「肯定のわたしメッセージ」です。それはまた、当り前と見過ごしている子どもの行動の中にあらためて肯定的なものに着目しよう、という感受性を親に求めることでもあります。

肯定のわたしメッセージは何げない場面での自己表現で、意識すると、どんどん親子の間を近づけます。会話が少なくなったある家庭でこんなことがありました。

中学三年生のえいじ君のお母さんは、最近えいじ君がほとんど話をしてくれなくなった、と嘆いています。

せっかく親業を学んで能動的な聞き方を知っても、なかなか会話をするチャンスがないのです。そんなある日、珍しくえいじ君が食後の寛いだ時間、こんなことをいい出しました。

「今日、学校でさあ、靖が怪我しちゃってさ、大変だったんだ」

靖君というのは、よく小学校の時家にも遊びに来ていた子で、母もよく知っている子です。

母　「どうしたの？」

えいじ「ふざけっこしていて、階段からころげ落ちちゃって、腕をおったんだ」

母　「まあ、それは大変だったわねえ」

いつもなら、そのあと母はついこんなふうにいってしまっていました。

「まさか、あんたも一緒になって、ふざけっこしていたんじゃないでしょうねえ？」

とか

「あんたも気をつけなさいよ、よくふざけっこしてるんだから」とか。

子どものことを案ずればこその言葉ですが、そういう対応が親子のコミュニケーションを阻害してきたのだ、ということを、お母さんは今になって、つくづく思うのです。

そして、今の自分の気持ちを率直に眺めてみると、こんな表現が出てきました。

「えいじが学校の話をしてくれるの、なんだか久しぶりだね。最近、あんまりお母さんと話ししてくれないみたいで、寂しかったんだ。えいじとこんなふうに話ができて、嬉しいよ。学校の様子を話してもらえると、安心するしね」

えいじ君は、「靖はよくうちに遊びにきてたからさ」とてれくさそうにいって、自分の部屋に引き上げていきました。

その後、心なしか会話が増えたような気がする、とお母さんの報告です。

「肯定のわたしメッセージ」は、「ちゃんとご飯を残さず食べて、えらいね」とか、「きちんと挨拶できて、おりこうね」というような、「褒める」「おだてる」とは、違います。

「褒める」というのは、評価を含むのです。そして、上下関係を感じさせます。例えば、誰かがあなたの描いた絵を「上手ね」と褒めたとします。

先生が褒めてくれたら、あなたは誇らしい気持ちになって、嬉しいでしょう。先生には、あなたの絵の良し悪しを判断する見識と資格がある、とあなたは思っているからです。

でも、絵を習い始めたばかりの、あなたよりずっと後輩からの評価は、どうでしょうか？ムッとすることもあるのではないでしょうか。

親子なら、上下関係があるのだから、いいではないか、と思われる人もいるかもしれません。

もちろんその側面はあります。ただ、次のような観点から、「ほめる」ことには弊害がある場合があります。

子どもが無心に絵を描いていたとします。絵を描く、そのこと自体が子どもにとっては喜びであり、描き上げたことで達成感を味わっているのです。いわば、内発的動機づけによって、行動しているのです。ところが、あなたに、いつも「上手に描けたわね」と褒められていると、段々に「ほめられるために」絵を描くようになります。子どもは、ほめられることによって、外発的動機づけを強化されている、といえないでしょうか。さらに、褒めてもらえない時は、罰を与えられたように感じて不満になる場合もあります。他の子がほめられて、自分がほめられなかったら、それは叱られたに等しい気持ちになることもあるかもしれません。

そして、「ほめられるために」何かをする、ということは、ほめられないような場面、つまり、人が見ていてくれないような場面では、何かをしない、ということにもなってきます。裏表のある人間を作る危険性がある、ということです。

さらに、「おだてる」ということになると、これは、相手を操作しようとする意図そのものが顕わな言語行動です。

肯定のメッセージには、そういう危険性はありません。

「生き生きしていて、この絵、好きだな」

「一生懸命、描いているのを見るのは、嬉しいね」

親の肯定的な思いを率直に表現するだけです。そのことで、親が何を好きで、何に価値をおくのか、という親の価値観は子どもに伝わっていくでしょう。親が何を好きで何を大切にするのか、親の人間性が伝わるのが「肯定のわたしメッセージ」です。子が親をよく知り、より近く感じられる親の自己表現なのです。

三〇代の娘から五〇代の父へのメッセージをご紹介します。照れくささを乗り越えての実践です。

「車を洗ってくれてありがとう」（機関紙「おやぎょう」）（岩本　幸絵三五歳）

〔状況〕

朝、仕事に行こうと車庫へ行くと、私の車が洗車されていました。今までにも何度も父（五九歳）が洗ってくれていました。夕方、仕事から帰って、

私　今日、車を洗ってくれていたね。ありがとう。
父　ああ……うん
私　いつもお父さんが車を洗ってくれるから、助かるー。それに私って大切にされているんだなあ、と思えてうれしい。
父　（目を合わせずに）そりゃ、誰でも子どもは大切よ。

〔感想〕
会話の後、父は機嫌よく、今までしたことがないのに、洗濯物をたたんでくれました！更に翌日は夕食のおかずを一品作っていたのです。父のうれしい思いが伝わってきました。
「肯定のわたしメッセージ」は、なんだか照れくさくていいにくかったけれど、講座の宿題だったので思い切って使ってみました。

5）予防のわたしメッセージ

もうひとつ、問題なし領域で使われる、人間関係の潤滑油となる、わたしメッセージをご紹介します。

「予防のわたしメッセージ」といわれるものです。

これは、それこそ難しいものではありません。

親が受容できない行動を子どもがしないように、前もっていっておく、もしくは知らなかったり、知らせておかなかったりしたために生じる対立をなくしたり、少なくするために、親の予定などをいっておく、というものです。

普段皆さんも何気なくやっておられる事前の準備ともいえることです。でも、普段やっている、と思っても、意外に意識的に行っていないのではないでしょうか？　メッセージとしてあらかじめ子どもに伝えておこう、というのが、予防のわたしメッセージです。

「明日はおばあちゃんが遊びにくる予定なので、部屋の掃除を丁寧にしているの。散らかると困るなあ」と子どもにいっておくことで、姑がくる間際に「どうしてこんなに散らかすの！」と怒鳴らずにすむかもしれません。

また、「今度の土曜日は友人とでかけます」と夫に前もっていっておけば、当日「一緒に買い物に行きたかったのに」と夫が不満をもつことを防げるでしょう。

親子の間だけでなく、夫婦の間、同僚との間、いろいろな場面で予定をきちんと伝え合うことは、相手を尊重することであり、トラブルを未然に防ぐのに役立ちます。

友人との付き合いで無理をしたくない瀧本さんはこんなふうに使ってみました。(機関紙「おやぎょう」瀧本泰枝)

〔状況〕

デパートに買い物に行こうと友人に誘われた。友人の買い物は、いつもあれこれと迷うので、とても時間がかかる。その日私は、四時から仕事があり、夜七時からは子ども会の役員会があるため、昼間のうちに夕食を作っておきたい。

私　買い物には行きたいけど、私は夜七時から子ども会の役員会があるので、昼間に夕食の準備をしておきたいの。遅くても午後一時までには家に帰りたいの。それでよかったら、買い物に付き合えるのだけど。

友人　今日は私も、そんなにゆっくりと買い物していられないから、いいわよ。

私　もし買い物が長引くようなら、いいからゆっくりしてね。その時には、私先に帰るからね。

〔感想〕
私の予定を先に伝えて、その時間でなら買い物を一緒にすることができることを伝えておくと、買い物中でもイライラしなくてすんだ。ズルズルと相手に合わせて、後で忙しく疲れた思いをしないでよかった。
彼女との付き合いの中で、私自身無理をしていることに気がついた。
いいづらくてつい無理をしてしまってあとで恨みがましく思うことが続けば、友情も長続きしません。自分自身にとっても、相手の方にとっても、気持ちいい関係で、長くお付き合いしたいからこそ、こうした率直なメッセージが必要なのです。

第六節　対立を解く――第三法

(1)　わたしメッセージで解決しない場合

子どもの行動で親が問題を抱える時、親が自分を援助するコミュニケーションの方法として、「わたしメッセージ」があることを、私たちは学びました。

わたしメッセージはあなたメッセージに比べて、より効果的ではありますが、無論、相手がいつでもわたしのいいなりになる「魔法の杖」というわけではありません。わたしメッセージをしっかり出しても、相手が行動を変えない可能性は残っています。

そのひとつが互いの欲求が対立している時です。

例えば、子どもが「食事前にお菓子を食べたいという」「居間で遊んだおもちゃを片付けない」「親の文房具を勝手に使って戻さない」などは、子どもには子どもの何かをしたい欲求があり、親には親の欲求があり、それがぶつかっていると考えることができます。

例えば、「食事前にお菓子を食べたいという」という行動に対して、親は三部構成のわたしメッセージを出すことができます。

「今お菓子を食べてしまうと（子どもの行動、）せっかく夕食をつくっても残るかと思うと、今作っているのが無駄になるようで（親への影響）、イヤだな（親の感情）」

無論、それを聞いて子どもが「わかった！ご飯まで待つよ」といって行動を変える可能性はありますが、「えー、だって、おなかがペコペコで、待っていられないよー」という場合もあります。この時、親は子どもがお菓子を食べてしまった時の親への影響を具体的に述べることができますし、子どもも自分の行動が親に影響を与えることを理解しやすいでしょう。それでもなお、子どもにはお菓子を食べたい強い欲求がある、ということなのです。

親には親で、夕食しっかり食事をさせたい、という欲求があるわけで、こういう場合を「欲求の対立」とよびます。

(2) 対立があるということ

対立があるのは、いけないことでしょうか?

私たちは、一般に対立があるよりは、ないほうがいい、と思っています。

兄弟ゲンカは常に親の頭痛の種だし、まして、他の家の子どもとの争いは大事になる前にあわてて両者を引き離し、学校でも教師は生徒同士のもめ事を、ともかく互いに謝らせて終わらせようとしがちではないでしょうか。

大人同士であれば、ことを荒立てないで「収める」ことが美徳と思う人も多いのです。

そういった対応は、「対立はよくないこと」という発想から出てくるものでしょう。

しかし、ゴードン博士は、次のように、いっています。

「対立・葛藤は、人間関係の真実の瞬間である」(8)

どんな人間関係でも、人が二人いれば、対立が起こるのは当たり前であり、必ずしも悪いものではありません。対立は「破壊の種も、また結合の種も含んでいる」のです。

そう、対立の解消の仕方によっては「破壊の種」になる可能性も確かに含んでいます。

しかし、また、対立を通して互いの欲求や考えをよりよく知ることができますし、対立の解消の仕方によっては、以前にもまして、互いにより親密な関係を築くことも可能なのです。

対立を解決する方法さえ知っていれば、対立はおそれたり、避けたりする必要のないものになります。

(3)　どちらかが勝つ解決方法

親の多くが知っている対立の解決策は、以下の二つといえます。

「親が勝って子どもが負ける」か、「子どもが勝って親が負ける」かです。

例えば、スーパーマーケットの前で子どもが「お菓子買ってー！買ってー！」と駄々をこねています。

その時、「ダメ！　今日はお菓子を買いません！」といって、泣いてひっくり返る子どもを引っ担いで帰る、としたら、これは「親が勝って子どもが負けた」のです。この解決法を親業では、「第一法」と呼んでいます。

また、同じ場面で、親が子どもが泣き喚くのに閉口して、「しょうがないわね、今日だけよ」と言って、親は買いたくないにもかかわらず子どものいうなりにお菓子を買い与えたとしたら、これは「子どもが勝って親が負けた」のです。この解決法を「第二法」と呼んでいます。

1）第一法

親が力づくで、子どもを意に従わせるのが、第一法です。

「力」とは、無論身体的なものも含めて、賞罰を与える力があることで行使されます。いうことをきけば、ご褒美をあげるし、いうことをきかなければ、罰を与える、というやり方です。これは子どもがある程度の年齢になるまでは親が勝つことができ、効を奏するように思えますが、子どもが親に依存する割合が減る思春期になると、親は相手を動かすことができなくなり、勝てないことに気がついてからあわてることになります。

また、親が事の是非を「判断」できてこそ、公平な賞罰が可能なわけですが、いつまで親の眼の届く範囲に子供がいるでしょうか？親の見えるところでだけ「良い子」を演じてくれれば、賞を与えるというのでよいのでしょうか？賞罰のあるなしで行動が変わる、すなわち裏表のある人間に育てることが親の望みでしょうか？

第一法を採用する親は親が厳しく管理することで、子どもを良い方向に導くことができる、と信じているのですが、実際のデータはそれが逆の結果に終わることを示しています。(9)

力で抑えられた人間は、「逃げる」「反抗する」「屈服する」のいずれかをとることになりますが、これが「望ましい親子関係」の姿といえるでしょうか？

このことについて、もっと勉強したい向きには、『親業ゴードン博士　自立心を育てるしつけ』(10)をお勧めします。

もし、あなたが、自立心のある、判断力のある、自分の行動に常に責任をもてる、そんな人間にあなたの子どもを育てたいのであれば、第一法では育てにくいのです。

2) 第二法

第二法は子どもが勝つ解決の方法です。この方法では思いやりも社会性も育ちませんから、幼稚園や保育園などの他の子どもとの人間関係が必要な集団生活が始まった時、子ども自身が困ることになります。また、自分の思い通りにできる、ということは親の愛情を一身に受けているように子どもが思うと思われるかもしれませんが、誰でも好き勝手されてはおもしろくないものです。それは、親も同じです。

子どものいいなりになりながらも、親が心の奥で腹をたてていることを敏感に感じ取っている子どもは、さらに親の愛情をためすかのように自分を主張し、親が負けると、かえって、親の愛情を実感できないまま成長することにもなり得ます。

しかし、実際の家庭では、どちらかの方法のみをいつも使う、という親は少ないのではないでしょうか。

ある場合には、子どもの「自主性を尊重する」という名目のもとに、子どものいいなりになり、わがままが過ぎると思うと、今度は「しつけ」という名目のもとに、厳しく親の解決策を押し付けてみたり、厳しくしすぎて子どもが萎縮していると感じると、今度は甘やかしてみたり、と親はこの両者の解決法の間でゆれていることが多いのではないでしょうか。

その中で、どちらかというと第一法が主流の親と、第二法が主流の親とがいる、という程度の違いはあるかもしれません。

いずれにしろ、この二者の解決方法は、一方が自分の意見を押し通そうとし、相手の気持ちを考慮しないという意味では、いずれも「破壊の種」となる解決方法です。この両者に共通していえることは、「負けた方は、不満をもつ」ということです。

親業では、これらのどちらか一方が勝つのではなく、どちらも不満を残さずに解決する方法、すなわち、「勝負なし法」を紹介しています。これは、「第一法」でも「第二法」でもない、三番目の解決法であり、「第三法」とも呼ばれるものです。

この方法を使うと、親子どちらも不満を残さずに、効果的に対立を解くことができます。しかも、子どもの自主性や独創性が育まれ、子どものやる気が引き出されるのです。親として、このような方法を身につけないでいるとしたら、自分の子どもを大切にしていないのでは、と言える位です。

(4) 第三法が使える場面

先ほど説明したように、親子の欲求が対立している場合が、第三法が使える場面です。具体的な例で説明しましょう。

ある夜、母親は大学生の姉弟が言い争う声がするので、子どもたちの部屋をのぞきました。姉と弟がスキー専用の大型バックを前にもめています。

弟が冬休みに友人たちとスキーに行くための仕度をしていたところ、それに気がついた姉が自分も同じ時期に友人とスキーにいくので、そのバックを自分も使う予定だった、といい始めたのです。このスキー専用の大型バックは、下部にスキー靴を入れる仕切りがついている上、バック底部に車輪がついていて引いていくこともできるし、リュック型なので背負うこともできるようになっています。したがって、なんといってもスキーに行くには便利です。今まで家族でスキーに行くことの多かったこの家庭では、ひとつで間に合ってきました。子どもが成長し、姉も弟もそれぞれがそれぞれの友人とスキーに出かけるようになったために起こったトラブルです。

大型バックは他にもいくつかありますが、両者とも、スキー専用のバックを自分が使いたい、といってゆずりません。両者の欲求が対立している場面です。

もし母親がどちらが使うかを一存で決めてしまったり、ジャンケンで決めるよう、強制したりしたならば、第一法を母親が使ったことになります。どう決めたにしても、子どもたちに不満が残ったでしょう。

子どもたちのどちらかが、相手が反対するのに、強引にバックを使うとしたら、その子どもは第二法を使ったことになります。自分のわがままを通すことで、兄弟から反発をくいますし、それを制止できないで見ている母親も不愉快な気持ちになるでしょう。本人も家族皆から嫌われたような疎外感を味わうことになり、決して心地よいものではありません。

そこで、母親は第三法を提案して、三人でやってみることにしました。もめていた当事者以外に母親が参加したのは母親がこの第三法をよく知っていたのと、姉弟が仲良くこの問題を解決してほしい、との欲求があったからです。母親はまた、費用面での援助についても、必要ならば援助してもよい、との覚悟はもっていました。

一般的には、こんな時、姉が使うか、弟が使うか、どちらかが勝つ、答えはひとつ、と考えられがちです。しかし、実は、いろいろなアイディアを出すことが可能なのです。

(5) 第三法のやり方

第三法は、次の六段階を踏んで、解決に至ります。

しかし、この問題解決方法になじみのない人を相手にする時には、この方法についての説明をして合意を得るという準備段階も大切です。

互いが納得できる解決方法を一緒に考えるのだ、ということ、どちらかが（複数の人でする場合には誰か一人でも）イヤだと思う解決策は決して採用しないという原則を、互いが了承したところから、始めましょう。

①第一段階　欲求を明確にする
②第二段階　解決策を考え出す
③第三段階　解決策を評価する
④第四段階　解決策を決定する
⑤第五段階　解決策を実行する
⑥第六段階　解決策を見直す

①第一段階　欲求を明確にする

ここで力を発揮するのが、「能動的な聞き方」と「わたしメッセージ」です。

相手の本当の欲求を「能動的な聞き方」によって明らかにし、自分の思いを「わたしメッセージ」を使って、しっかり相手に伝えます。

表面にでている欲求が「真の欲求」ではない場合もあるので、一番時間とエネルギーを注ぐ必要があります。

この部分が明確になると、おのずと解決策にたどりつくことさえあるのです。また逆に、どうしても解決策にたどりつかない場合、この部分が実は「本物」でなかった、ということも往々にしてあります。


さて、先ほどの家族の問題が、この方法を使うと、どんなふうになっていくのか、見てみましょう。

この場合の互いの欲求はシンプルです。両者ともスキーに行きたい。そして持ち運びの便利なバックを使いたい、ということです。

②第二段階　解決策を考え出す

ここでは、ブレイン・ストーミングを使います。頭の中を嵐のように枠を取り払って、自由な発想で考えてみよう、という方法です。独創性が発揮される場面であり、実際にやってみると、一番楽しい部分です。

案は多ければ多いほど、いいのです。一方的なアイデアもOKです。可能性があれば、どんな突拍子もないアイデアも否定しません。

私たちは案外、口に出す前に「これはちょっと無理だろう」とか、「受け入れられるはずはない」とか、ブレーキをかけてしまうことも多いのです。でも、どんなアイデアも、もしかしたら、すばらしい解決策になるかもしれません。大事なのは、どんなアイデアも否定しない、という部分です。

三人が考えついたアイディアを列挙すると、以下のようになりました。

(ア) 体力的に劣る姉が持ち運びに楽なこのバックを使って、弟は別のバックを使う。
(イ) 先に準備を始めた弟が使って、姉は別のバックを使う。
(ウ) 別のバックとして底部に車輪がついていて持ち運びに便利な海外用スーツケースを使う。
(エ) 別のバックを使う人は重いバックを持ち運びしなくてすむよう、往復の宅配便費用を母が出す。
(オ) 往復宅配便にする費用で、安売りしているスキー用のバックを買えるので、もうひとつ買う。

(カ) 片道の宅配便費用を母が出す。

(キ) 二人のスキーの日程は全く重なっているわけではなく、一部重複しているだけなので、どちらかが日程を少しずらす。

(ク) スキーに行く当事者以外が駅までバックを自転車の荷台に載せて運んであげる。

アイディアは八つ出ました。

皆さんだったら、どんなアイディアを思いつくでしょうか。

③第三段階　解決策を評価する

ここで初めて解決策のひとつひとつについて評価します。

出てきたアイディアを一つ一つ検討して、○（よい）とか×（悪い）、△（どちらでもない）などで表記していくこともできます。

この家庭の場合はこんな結果になりました。

	母	姉	弟
(ア)	○	○	×
(イ)	○	×	○

(ウ)	○	×	×	子どもたちはみっともないという
(エ)	○	○	×	弟は値段が高くなりすぎて納得できないという
(オ)	×	○	○	母は収納場所がないので余分なものは買いたくない
(カ)	○	○	○	全員納得
(キ)	○	×	×	友人との約束なので、両者とも無理。
(ク)	○	○	○	

④第四段階　解決策を決定する

大事なのは、「多数決ではない」ということです。誰か一人でも反対者がいれば、その解決策はとりあげません。しかし、反対者がいるからその案は破棄というわけではありません。Aという解決策は、A′という形に変形すれば、反対者にも受け入れられるかもしれません。ものによっては、解決策は複数になるかもしれません。

というわけで、この家族が選んだ解決策は(カ)と(ク)でした。

「弟が先に出かけ、先に帰るが、姉は弟の出発日に用事があって、弟を駅まで見送るのは無理。弟は姉が帰る時、駅まで出迎えてバックを運んでくるのは可能。したがって、弟がスキー用のバックを使い、姉は別のバックを使う。姉は自分のバックを宅配で現地に送り、その費用は母が負担する。姉が帰ってくる時、弟が駅まで出迎える」

⑤第五段階　解決策を実行する

いつ、どこで、誰が、ということまで具体的に明確に決める必要があります。

このケースでは、何時の列車で姉が帰るか、いつ携帯で連絡をとるかなど細かい打ち合わせがなされました。

姉は出発まで日にちの余裕があったので、現地までバックを宅配で送ることができました。帰ってくる時は、駅まで迎えてくれる弟に土産まで買ってきて、姉弟仲良く土産話に花を咲かせることができたのです。

⑥第六段階　解決策を見直す

皆で決めたことなのだから、もし不都合が出てきたら、また見直せばいいのです。皆が満足しているかを見直すのは大事なことです。これは、見直してやり直す柔軟性をもたせた解決方法なのです。

このケースでは皆が満足がいったので、問題は何もありませんでした。唯一予定外だったのは、スキーシーズンも終わるころ、事情を知らない父が「バーゲンで安かったぞ！」と新たにスキー用バックを買ってきてしまったことです。もうひとつスキー用バックを買わないという選択肢を選んで問題を解決していた三人は、思わず顔を見合わせてしまいました。家族全員がかかわる問題は、できれば全員参加が望ましいですね。

ところで、第三法は時間がかかる、と思われるかもしれません。確かに、決定するまでは、第一法の「親の即決」に比べて時間がかかるかもしれませんが、決まったあと、親子ともに満足できて、楽ができる方法です。

例えば、親が第一法で子どもたちの家庭での手伝いを一方的に決めた場合、決めるのは簡単ですが、決めたことを子どもたちが守るかどうか、監視する必要があります。守られていれば褒美を、守られていなければ罰を与える必要があるかもしれません。第一法は決めるのは簡単かもしれませんが、実行されるためには監視とか賞罰とか、余計なものが必要になりがちです。決して「簡単」ではありません。

しかし、第三法では親は監視する必要がありません。子どもたちが自分でできる、と思った手伝いを選ぶし、やりたいと思った家事を選択し、それを自己責任をもって決定するからです。

また、会議などの場面でも、この方法を知っていると、スムーズな進行を図ることができます。皆が積極的に関わる議論ができ、そうして決められたことは、スムーズに実行に移されやすいのです。グループとしての活性化が促進される方法といえるでしょう。

こんなふうに、いろいろなアイディアを出し合って、問題解決するのは、なかなか楽しいものです。一度成功すると、結構家族でハマるようです。

ここでも、受講した方々からのたくさんのご報告の中から、いくつかご紹介しましょう。

(6)　いろいろな事例から

①小学一年生でも出せるアイディア（機関紙「おやぎょう」）

〔状況〕　施設で暮らし、動物が大好きな小学一年生の歩ちゃん。学校の帰りに犬を飼っている家に寄って、帰り時間が遅くなりました。下校後は施設で過ごすように母親からいわれています。

指導員　「モモちゃん（犬の名前）と遊んできたのね。学校の帰りに寄り道をすると、なかなか帰ってこなくて心配だよ」（わたしメッセージ）

歩ちゃん　「うん……」

指導員　「帰ってから一人で行かれないから、帰りに寄るのね」（能動的な聞き方）

歩ちゃん　「うん」

指導員　「帰りが遅いと心配だし、どうしたらいいかな？」

歩ちゃん　「……寄り道をしない」

指導員　「寄り道をしないのが一番いいことだね。でもモモちゃんを見ると寄りたくなってしまうんだよね。じゃあ、お母さんもわたしも心配しないで、歩ちゃんも我慢しないで解決するにはどうしたらいいかなあ」

歩ちゃん　「モモちゃんと遊んでから帰る」

指導員　「モモちゃんと遊んでから帰りたいんだね」

歩ちゃん　「それとも寄り道する曜日を決めるとか……」

指導員　「曜日を決めるのね。他にもある？」

歩ちゃん　「カバンを置いてから遊びに行く」
指導員　「一度帰ってから行くのね」
歩ちゃん　「うん。先生と一緒に行くのなら、どう?」
指導員　「そういう方法もあるね。もっとあるかな……こんな感じね。じゃあ、順に考えてみようか。学校の帰りにモモちゃんと遊んでくるのは、帰りが遅くなって、先生たちも心配するから困るよ」
歩ちゃん　「うん。曜日を決めたら?」
指導員　「曜日を決めても、その日は遅くなるから、やっぱり心配だよ」
歩ちゃん　「お母さんは施設内から出ちゃダメって言うから、カバンを置いてからは行かれない。先生が一緒に行ってくれれば行けるけど」
指導員　「そうだね。先生も毎日は無理でも、行かれる時は行ってもいいよ」
歩ちゃん　「ホント!?」
指導員　「うん。それと、モモちゃんのいるお家は近いから、一人でいってもいいかどうか、お母さんに相談してみようか」
歩ちゃん　「うん。そうしよう」

〔指導員の感想〕

犬がとても好きな子なので、なるべく動物と触れ合わせてあげたい気持ちがありました。でも、母親が心配しているので、わたし一人では決められません。母親が帰宅後、相談。やはり心配、というので、職員が連れて行ける時に行くことにしました。また、母親が休日に子どもと一緒に場所を確認して、一人で行かせても安全かどうか検討してくれることになりました。

何も紙と筆記用具をそろえて始めなければいけない、というわけではありません。こんなふうに子どもの気持ちを尊重しながら聞いていくと、小学校一年生でもちゃんといくつものアイディアを出すことができるのです。

②自分で選んだ解決法ならば

長男が二歳のとき、次男が生まれた郡司はるかさん。(機関紙「おやぎょう」)

長男と次男の両方同時に「抱っこー」とせがまれることが多く、そんな時は両方とも泣かせてしまっていて、〝二人とも抱っこしたい、でもできないもん〟というジレンマを長いこと抱えていました。

ある時、次男を寝かそうとおっぱいをあげていたら、長男が「抱っこしてー」と、始まりました。郡司さんは次男を寝かせてしまいたいのです。「じゃあ、どうしたらいいかなあ？」と習ったばかりの「勝負なし法」の話し合いをやってみました。

母　「拓ちゃん（弟）がもう少しで寝るから、その後いっぱい抱っこするのはどう？」

長男　「じゃあさ、今すぐ抱っこするのはどう？」（母の口ぶりを真似て）

母　「おっぱい離したら、拓ちゃん泣いちゃうけど」

長男　「泣かないよ。もし泣いたら、『どうぞ』する」

母　「わかった、やってみようか？」

母は長男を抱っこしました。ほんの二～三秒。

案の定、次男はおっぱいを取ったらすぐに大泣き。

すると長男が「拓ちゃん、ママをどうぞ～」と言って、さっと離れたのです。「これでいいの？」とびっくりして、母が聞くと、「うん、いいの、いいの」と、すっきり満足げな顔をしています。

今まで「やだ、やだ」って、いつまでも離れなかったのに、もうびっくりです。たかだか二～三秒で、ジレンマが解決してしまったのです。

〈母の感想〉

子どもは自分で考えるのが大好きなんですね。話し合いの結果はどうであれ、自分が関わるプロセスが大切だと教えられました。

このお母さんが言うように、子どもは自分で考え、自分で行動するのが好きです。自分で考えたことならば、自分なりにちゃんと責任を持つこともできます。こうしたプロセスを経て、成長し、自立していく、ということが実感できますね。

③日常の場面に生かして

しんちゃんは四歳、急に思いついたように、洋服ダンスの上にある、家族のアルバムを見たい、といい始めました。

母親は、講座の宿題を書いている最中です。

しんちゃん　「おかあさん、あの箱とってー」

母　「しんちゃんは、あの白い箱をとってほしいのね」（能動的な聞き方）

しんちゃん　「とってー、とってー」

母　「とってほしいんだ。でも、お母さんは今宿題をやりたいの」（わたしメッセージ）

しんちゃん　「やだー、あの箱をとってほしいの！」
母　「しんちゃんはあの箱とってほしくて、お母さんは宿題をやりたい。どうしようか……。ジャンケンにする？　しんちゃんが勝ったら先にお母さんがあの箱をとる。そしてそのあと宿題をする。お母さんが勝ったら、先にお母さんが宿題をしてそのあと箱をとる。どうかな」
しんちゃん　「うん」
ジャンケンをしたところ、しんちゃんが勝つ。
しんちゃん　「やったー、やったー。しんちゃん、強いんだよ！」
母親は立ち上がって箱をとりました。ところが、母親も忘れていたのですが、その中にあったアルバムは別のところに移動してあったのです。母親が踏み台にのって、子どもを抱っこして、タンスの上に何もないことをみせました。子どもはすんなり納得して、その箱で遊び始め、母はすぐに宿題に戻ることができました。
〔母親の感想〕
子どもの真の欲求は「高いところにある箱をとってほしい」ではなく、「アルバムの写真をみたい」だったわけで、その意味では子どもの欲求は満たされていない。にもかかわらず、不機嫌にならなかったのは、ジャンケンで勝った嬉しさもあって、もともとの欲求が欲求でなくなったのだろう。

こんな何気ない場面でも、日常では、親が「今忙しいの、あとにしなさい！」と親の都合をおしつけたり、逆に、親が常に自分のことを後回しにして子どものことを優先したり、しがちです。

しかし、一方的にどちらかが自分の欲求を通すのでなく、互いを大切にするやり取りができることで、子どもは自分の欲求を尊重された満足感を味わい、ひとの欲求を大切にすることを学ぶのです。そして、「欲求を尊重された」満足感は「欲求が満たされた」満足感よりも大きい場合もあるのかもしれません。

④第三法バリエーションで親子共に満足（機関紙「おやぎょう」千葉県中島恭子　長女香苗小学四年生）

第三法は、言葉のやり取りが出来なければ無理、ときめつけることはありません。子どもが十分言葉による自己表現を出来ない場合でも、親がしっかり子どもの気持ちを能動的に聞くことができれば、一緒に問題解決を考えていくことが可能なのです。そんな事例です。

〔状況〕

長女香苗さん（小学校四年生）は知的ハンディがあるため、自分の意見をうまく伝えられないことがあります。クラブ活動に出るのが嫌で、クラブの間ブランコに乗って出なかったり、迎えに行くと泣いていることが最近二回もありました。

第一段階…問題を明確にする

長女　初めての環境で、先生も初めて。同じクラスの女だちが一人もいない。上級生は香苗の事情がよく理解できず、たびたび注意する。だからクラブ活動に出たくない。

母　みんなとうまくクラブ活動をしてほしい。

第二段階…考えられる解決策を出す

自分から解決策を言えないため、香苗の気持ちを能動的に聞き、受けとめてから、母が提案した。

①クラブ活動をしばらく休む

②クラブを替える

③親も一緒にクラブ活動に参加させてもらう

第三段階…解決策を評価する

クラブに行けなくて反省している香苗の気持ちをくみとり、①②はやめる。

③「今度クラブがある時はママも一緒に出てみようか」というと「うん」と大きな声で賛成。

第四段階…双方が納得いく解決策を決定する

③「今度クラブがある日はママも一緒に参加する」

第五段階…解決策を実行に移す

クラブの先生に親も参加の許可を得る。担任の先生が「隣のクラスの子に迎えに来てもらう」ことを提案。次の週はクラブ活動が休みのため、二週間後に親も一緒に参加した。

第六段階…結果を評価する

クラブ員の構成がわかった。六年生が一人で、クラブをまとめるという責任感から注意が多くなったらしい。そのことを香苗にさり気なく伝えた。いろいろな楽器を体験し、香苗に細かくアドバイスすることもできた。クラブの先生が「香苗ちゃんがいつもより生き生きして、とても嬉しそうでしたね」といってくださる。

〔母親の感想〕

香苗が自分から解決策をいえないため、第三法バリエーションを考えてみました。子どもの欲求を能動的に聞いて、気持ちを受けとめてから、親の欲求をわたしメッセージで伝えるほうが、よりよい解決策が考えられるようになりました。親と一緒にクラブ活動に参加した後は、一人で出られるようになりました。「香苗ちゃんのおもしろ授業」のベストワンはクラブだそうです。

⑤二者択一しかなさそうに見える問題も

佐藤家では両親と子ども二人、祖母（母親の母親）の五人家族です。

子どもたちが最近犬を飼いたい、といい始め、両親とも反対ではないが、祖母が一人反対をしています。

母親は講座の中で、「これって、子どもたちと祖母の欲求が対立しているのだから、第三法が使えるはずですよねえ。でも、犬を飼う、飼わない、は中間がないから、どっちかが我慢するしか、ないですよねえ」といいました。

そう、「飼いたい」「飼いたくない」だけを欲求としてみると、選択肢は二つしかないように思われます。しかし、なぜ「飼いたい」のか、なぜ「飼いたくない」のか、というところまで目を向けてみたら、どうでしょう。

母親は特に「飼いたくない」といっている祖母の気持ちを聞いてみました。餌をやるのが大変、下の始末が大変、散歩が大変、ほえて近所迷惑になるのではないか、などなど。いくつもの祖母の「飼いたくない」理由がでてきました。

そして、その根底には、子どもたちが結局最後までめんどうを見ることができなくなって、自分に負担がかかってくるのではないか、という不安がある、ということが見えてきたのです。

家族でいろいろ取り決めをして、祖母には迷惑をかけないことを確認し、子どもたちも責任をもってめんどうをみる、と約束しました。ほえることが少ない種類の犬を飼うことも考慮しました。こうして、祖母の気持ちは変化したのです。

次の講座の時には、もう犬を飼い始めていて、一番祖母が可愛がっている、との報告でした。

真の欲求が何か、を的確に知ることで、問題解決ができた例です。

第七節　価値観の対立

今、親子の対立があった時の解決方法として、第三法を学んできました。

ところが、この第三法では解決できない対立もあるのです。それが価値観の対立です。

欲求の対立がある場合には、三部構成のわたしメッセージを送るとき、わたしへの影響を具体的に述べることができます。この「わたしへの影響を具体的に述べる」ことができないような場合を、親業では「価値観の対立がある」というのです。

例えば、あなたには妹がいて、無理なダイエットをしている、としましょう。あなたは、無論そのことには非受容です。そこで、わたしメッセージでそのことを妹に伝えようとします。

あなたが無理なダイエットをしているのは（相手の行動）、

健康に悪いのではないかと心配だ（わたしの感情）
なぜなら、……。

ここで、あなたは言葉につまってしまいます。

あなたは、相手への具体的な影響（健康に悪い、美容にも悪い、骨粗しょう症になる可能性が増す、体力が落ちる、等等）は述べることはできても、あなた自身への具体的な影響を述べることはできないからです。

無論、三部構成にできないからといって、わたしメッセージをいってはいけない、というわけではありません。

二部構成で、まずはいってみることも大事でしょう。相手を思うあなたの熱い思いは伝わるかもしれませんから。しかし、それでは、あなたの思い・価値観だけで相手に行動を変えることを要求することになります。「私の考え通りに動きなさい」と他者に要求したからといって、他者がそのとおりにすることは一般には期待できません。

かといって三部構成のわたしメッセージにしたいと考えても、あなた自身が妹のダイエットで影響をこうむるわけではなさそうです。このような、三部構成のわたしメッセージを作ろうにも「自分への影響」がない対立を「価値観の対立」といいます。

子どもが大きくなってくると、親子の間でも、「欲求」が対立するより、「価値観」

が対立することの方がずっと増えるし、深刻な問題になりえます。

しかし、価値観の対立は、第三法では解決できません。「一緒に問題を解決しよう」と提案しても、「別にあんたには関係ないじゃないか。ほっといてよ」といわれてしまいます。「欲求」が対立していて、あなたに具体的な影響がある、と、相手も認めてくれるからこそ、「一緒に問題を解決する」第三法が有効だったのです。

あなたに具体的な影響を与えていない、と相手が思っている場合には、あなたがどんなにガミガミいおうと、相手は行動を変えようという気には、なかなかならないものです。

むしろ、ガミガミ言えば言うほど、互いの関係は悪くなってしまいます。

それでは、価値観の対立を解くには、どうしたらよいのでしょうか。

(1)　模範を示す

無理なダイエットをしている妹を、あなたはどうやったらやめさせることができるのでしょうか。

あなたは、自分なりの「模範」を示すことができます。適度な運動をし、バランスのよい食事をしながら、健康的に少しずつスマートになるのが好ましい、という自分の価値観を具現化することで、自分の生き方を示すのです。妹がその価値観を取り入れるという保証はありません。しかし、あなたが自信をもって自分の生き方をしていくことで、模範を示していくのです。子どもとの間に価値観の対立があるときには、親は自分の価値観を具現化することで、子どもの価値観に影響を与えやすくなります。煙草を吸う子どもに煙草を吸わないようにしたいのであれば、親は吸わないことで自分の価値観を示していくのです。親は自分の行動を通して、子どもに自分の価値観を意識的に伝えていく必要があります。それが「模範を示す」ということです。

親は子どもに「後姿」を見せることで、自分の価値観や大切にするものを伝えていきます。

老人を温かく介護する親の姿を見て育った子どもは、親が年老いた時、きっとやさしく介護できる大人になっていることでしょう。

スポーツを楽しむ親を見て育てば、きっとスポーツ好きな子になるでしょう。

子どもは、親の「いう」ようにではなく、「する」ように育つのです。

ということは、親が自分自身が納得のいく生き方をしているか、と日々問われている、ということでもあります。

子どもとの間に価値観の対立がある場合には、親は「意識的に」自分の価値観を生きていくことが、子どもに影響を与えていく道の一つなのです。

(2) コンサルタントになる

親は子どものコンサルタントに雇われたがっています。いつだって、子どもが悩んでいるなら、力になりたいし、助けてやりたいし、困っているなら相談してほしい、と願っています。

しかし、多くの親が子どもからコンサルタントを馘にされていることも事実です。一二の障害を使うことで、あなたメッセージを使うことで、第一法を使うことで、親は子どもから、コンサルタントを馘にされてしまうのです。残念なことです。

有能なコンサルタントになるためには、次の四つが必要です。

①まず雇われること

能動的な聞き方やわたしメッセージ、第三法は、あなたが相手から信頼され、コンサルタントとして心理的に雇われる関係作りに寄与するでしょう。そして、無論「宣伝」をし、自分のサービスを売る努力も必要だと、トマス・ゴードンは述べています[11]。

②豊富な情報やデータをもつ

トマス・ゴードンは、その説明にこんなユーモラスな喩えを引いています[12]。

「このルールについては、コンサルタントの間でよくいわれるジョークがあります。

ある会社で機械のトラブルがあり、専門家にきてもらって直すことになりました。コンサルタントがやってきて機械を調べ、道具箱から金づちを出して、その機械を叩きました。それで機械は動きはじめ、そのままずっと動きつづけたのです。コンサルタントは、一万と一〇ドルのコンサルタント料を請求してきました。会社の社長が、〝これは何だ？ 機械で金づちを叩くなんて誰だってできることじゃないか！〟と怒りもあらわに抗議すると、コンサルタントは、

〝そうです。請求の一〇ドル分はそれに当たります。あとの一万ドルは、どこを叩いたらいいかの判断に対してです。〟といったのです」

相手より、豊富なアイディアと情報をもつこと、それがコンサルタントたるためには、必要です。

子どもがタバコを吸うのをやめさせたいと思ったら、タバコの害を示す情報、データ、有識者の意見など、できるだけたくさん集めてコンサルティングすることです。

子どもに高校進学が必要だと思ったら、いろいろな職業や資格試験等で高卒が受験資格になっているものを集めたり、給与や昇進に差が出るというデータを示したりすることです。

③ 一度だけ

子どもが親にウンザリするのは、どんな時かというと、ガミガミ繰り返しいわれることです。

親は子どもにコンサルティングしたいと思ったら、「このことについては一度しかいわない」というくらいの覚悟が必要です。「一度だけ」と思ったら、できるだけ多くの情報を真剣に集め、話す言葉に気迫と熱意がこもることでしょう。それが相手を動かします。

④ 変わる、変わらないは相手に任せる

親は子どものためを思えばこそ、子どもの人生に介入したいのです。しかし、最後の部分で私たちが知っておかなければならないのは、親子といえども、別の人格であり、別の人生がある、ということです。あなたのコンサルティングを採用するか、しないか、は相手に任されているのです。そのことを忘れてしまうと、相手にあなたの人生を生きるよう求めることになります。

(3) 自分が変わる

価値観の対立を解く、もうひとつの選択は、自分の価値観を変える、ということで

す。これは、「あきらめる」とか「我慢する」とかいうことではありません。自分が納得して、変わる、ということです。

時代は動いています。私たちが「今まで」「正しい」と思っていたものが、本当に「今」も、未来を生きる子どもたちにとっても「正しい」のか、見直す必要があるでしょう。

ここで一例をお話ししましょう。

娘が大学受験の時のことです。娘はその年の三月に一年間の留学が決まっていましたので、なんとしても留学後帰国して入学できる大学を、「休学」という形で確保しておく必要がありました。一年たって帰ってきた時点ではほとんどの大学の入試は終わっていますし、そもそも一年間のブランクがあっては入れる大学はほとんどないからです。しかし、彼女の志望校は両親の目から見て、高望みと映っていました。学校の成績からいっても、模試の結果からいっても、合格の確率はかなり低いものでした。

受験まであと三か月というある日、夫は妻にいいました。

「親業を使って、娘に志望校を下げるよう、説得してこい！」

「よし！」と妻は娘の部屋に向かいました。

ともかく志望校のランクを下げて、合格確実なところをねらってほしい、浪人はできないのだから、というのが、夫婦の一致した意見でした。

妻は娘に自分たちの希望を話しました。しかし、娘は悲惨ともいえる最近の模試の結果にもかかわらず、全く希望を捨てていませんでした。第一志望の大学への熱い憧れを語るのです。

娘と話し合った結果、妻は夫のところに戻って言いました。

「好きなようにやらせようよ。万一、どこも入れなかったら、その時はその時よ」

夫婦は娘の気持ちを聞いて、自分たちの考えを変えたのでした。夫に妻の気持を語ることで、夫も妻に同意しました。夫婦はあきらめたのでも、我慢したのでもありません。これでいい、と覚悟を決めて、娘の決断を応援することにしたのです。

その結果、娘は自分で受かる、と予想したところはすべて受かりました。模試の結果より、娘の志望校に対する情報収集と分析と、的を絞った勉強が功を奏したのです。

夫婦はつくづくあの時、無理に志望校を変えさせなくてよかった、と思っています。無論、結果がよかったからだけではありません。たとえ、失敗したとしても、本人が自らの手で選び取った結果ならば、その結果も本人が甘んじて受けいれることができたろうと思うからです。そして、夫婦が〝変わらずに〟「受かるはずはないのだから」とグズグズ彼女の足を引っ張るようなことを言っていたならば、娘は志望校には入れなかったのです。なぜなら受けもしなかったでしょうから。

また、無理に志望校を変えさせていたならば、娘はことあるごとに、「あの時あの学校を受けてさえいたら、受かっていたかもしれないのに、そしたら別の人生があったかもしれないのに」と思うようになったかもしれません。そんなふうに思ったら、自分の人生を本当に自分の足で歩むことが出来ずに、何か障害や困難があるたびに、人を恨んだり、人のせいにすることになるのではないでしょうか。

自分で決めて、自分でその結果を味わう経験を娘はできたのです。娘からその機会を奪うことをしなかった夫婦も親として成長したと思います。

親が自分達大人が常に正しい、という「思い込み」をはずす柔軟さをもつことも大切なことなのです。

第八節　環境改善

幼児が高い窓から身を乗り出して、大好きな自動車が走る道路を見ています。とても、受容できる行動ではありません。こんな時、無論、三部構成のわたしメッセージを作ることは可能ですが、子どもの年齢や状況を考えれば、子どもの行動を変えるのにもっと効果的な方策があります。

窓に子どもには開けられないような鍵をつけるとか、窓に格子をいれて、落ちないようにするとか、窓が必要以上開かないように、ストッパーをつけるとかです。こうした、物理的な環境を変えることで、非受容な状態を解消する方法を環境改善といいます。

環境改善には、次の四つがあります。

①環境に加える
②環境から除く
③環境を変える
④その環境内で計画する

子どもが部屋のあちこちにクレヨンでいたずら描きする状態を考えてみましょう。この子どもの行動からおこる親の問題を解決するのに、環境に働きかけるのです。

①環境に加える

豊かにするとか、広げる、などの方策をとる。

（例）床に使い捨てのカーペットを敷く。描きそうな場所に模造紙や大きめの紙を貼る。

②環境から除く

取り去るとか、制限する、などの方策をとる。

（例）描かれては困る掛け軸をしまう。値の張る高級じゅうたんを片付ける。

③環境を変える

簡易化、システム化、模様替えなど。

（例）クレヨンを油性から水溶性に変えて、雑巾で拭けば落とせるものにする。壁紙を水拭きが可能なビニール性に変える。

④その環境内で計画する

スケジュールを作る、など。

（例）お絵描きをする時間を決めて、母がついていて、一緒で遊ぶ。

こんなふうに、環境を工夫することは、子どもの行動を変化させるのに、効果的です。

いつも学校から帰ってくると、玄関にカバンを放り出す子どもに、二階の自分の部屋にカバンを持っていくように繰り返し言っても、なかなか行動が変わらない場合があります。そんな時、玄関にカバンをかけるフックをとりつけることで、親子ともにすっきりする、ということもあるでしょう。

おもちゃ箱の置き場を工夫したり、入れ方を工夫することで、子どもが自分でも片付けやすくなるかもしれません。

不便は不便なりに、日常慣れてしまっていることも結構多いものです。環境改善ができることはないか、もう一度、新しい目で周りを見回すことも大事です。

第九節　問題なし領域の活用

今まで、子どもが問題をもった場合、親が問題をもった場合、それぞれについて、問題解決の方法をいろいろみてきました。

子どもの問題にしろ、親の問題にしろ、適切なコミュニケーションをとることで、問題解決を図ることができます。

そして、問題が解決されれば、問題なしの領域（行動の四角形で（Ⅱ））が広がります。

その広がった問題なし領域では、いったい何をすればよいのでしょうか。

互いが問題をもっていない、平穏無事な場面ですから、それぞれが好きなことをしていればいい、という考え方もできるでしょう。

無論それもOKです。

しかし、こここそ、親子がしっかりいろいろな話ができる場面であり、互いの理解を深めあうことができる大切な場面でもあるのです。

問題のある時のみ、会話が必要なわけではありません。問題のない時こそ、自由に互いの思いを語りあえるのです。そういう普段の会話が、親の価値観を自然に伝え、親の後姿をしっかり見せることにつながります。

親は、テレビのニュースを見ながらでも、そのニュースにコメントをすることで、自分の価値観を伝えることができます。自分は何を大切に思い、何に価値をおいて生きているか、そして、子どもにはどんな生き方を望んでいるか、そんなことがじっくり話せるのです。

共に食事をし、家事をし、遊び、風呂に入り、そんな時間を共有する中で、親はたくさんのことを子どもに伝えることができます。どう行動することがマナーなのか、どういう言葉が敬語なのか、その他もろもろのことが、ここ、問題なし領域で語られる時、子どもの心に抵抗なく入っていけるのです。

私たちは、いろいろな問題解決法を使って、親子の間に「心の架け橋」を築きました。この橋をどんなやり取りでもわたっていくようになってこそ、「親子の間で、本音で語り合える、いい関係が築けた」といえるのではないでしょうか？

注

（1）ＮＨＫスペシャル二十一世紀治安は取り戻せるのか　第二回　少年犯罪～子どもたちの何が変わったのか～　二〇〇三年十月五日放送
（2）二〇〇一年朝日新聞、日本経済新聞
（3）『ゴードン博士の人間関係をよくする本』トマス・ゴードン著、近藤千恵訳大和書房
（4）『ゴードン博士の人間関係をよくする本』トマス・ゴードン著、近藤千恵訳大和書房
（5）『ゴードン博士の人間関係をよくする本』トマス・ゴードン著、近藤千恵訳大和書房
（6）『親業』トマス・ゴードン著　近藤千恵訳　大和書房
（7）『ゴードン博士の人間関係をよくする本』トマス・ゴードン著、近藤千恵訳大和書房
（8）『親業』トマス・ゴードン著　近藤千恵訳大和書房
（9）二〇〇一年日本弁護士会非行少年と親へのアンケート結果では子どもが小さい時親が厳しく

育てた、と親が思い、子どもがそれを虐待と感じていたグループに一番非行が多かった（朝日新聞二〇〇一年十月五日）、

（10） トマス・ゴードン著　近藤千恵訳　小学館

（11）『ゴードン博士の人間関係をよくする本』トマス・ゴードン著　近藤千恵訳　大和書房

（12）『ゴードン博士の人間関係をよくする本』トマス・ゴードン著　近藤千恵訳　大和書房

第二章

親業と出会って

今まで親業の理論を説明しながら、その方法を実践した具体的な事例を紹介してきました。

親子のコミュニケーションの方法が変わると、親子の関係が変わってくる、ということが理解されたのではないでしょうか。

しかし、親業の威力は、実はそういった相手のある関係の中にだけあるのではありません。

親業に出会うことが、コミュニケーションの質を変え、人間関係を変える、それだけではなく、自分自身への見方、考え方を変える、自分の欲求が明確になる、そしてそのことが、その人の人生の質まで変えていく…そういう、ある程度の長いスパンの中で親業が威力を発揮してきたことを示す例も数多くあるのです。

そしてまた、親子関係を土台として発展してきた親業が、男女を問わず、あらゆる年齢の、あらゆる人間関係に応用がきくものであることも、幾多の事例が証明してきています。

親業が日本に入って四半世紀たつ今、親業訓練協会には、そうした事例がたくさん集まってきています。それは当初はアメリカで生まれたものだから、日本人に通用するだろうか、と危惧する人もいた中で、日本の風土の中でも、日本人一人ひとりの心の中に、しっかり親業が根付いてきたということを実証するものでもあります。

そんな例のいくつかをご紹介します。

第一節　親業で変わった親子関係

(1) あるがままの子どもを受け入れられるようになって

一昔前まで、子どもは「天からの授かりもの」でした。しかし、今、子どもは「親がつくるもの」という発想に変わってきているのではないでしょうか。

安全確実な受胎調節が可能な現在、子どもを「産む、産まない」の選択肢から始まって、「いつ作るか」もある程度親が決めることができます。体内にいる時から、男女の区別もわかるようになっています。近い将来には、男女を産み分けることさえ、不可能ではないかもしれません。

そして、生まれた子は無事育つ方が普通という感覚でしょう。乳幼児の死亡率が著しく低下している現在では、お食い初めや七五三の儀式は華美に残っていても、そこに「天に見守られてようやく生き残ってここまで育った」という謙虚な思いと感謝の心は薄くなっているように思います。

現代は、親は子どもに対して、自分達が作りたいと決めて「つくった」、いわば自分達の所有物のような感覚になりがちなのではないでしょうか。

その結果、親の一方的な期待や理想、夢が子どもに課せられることになります。頭がよくて、やさしくて、運動が得意で、美形で、社交的で、素直で、……。

しかし、親が望む、そういう子どもの姿は、子どもの真の姿でしょうか？誰のために望ましい子どもの姿なのでしょうか？

親はあまり、そんな問いを自分に投げかけてはいないように思います。「いい子」に育てたいと思う時、それは子どものためと思い込んでいるからです。でも、自分の描く理想の子ども像と、現実の子どもの姿は往々にして一致しないものです。その結果、理想の子どもと現実の子どものギャップに悩み、苛立ち、そして、そのギャップを埋める明確な方法もわからないまま、いたずらなエネルギーを注ぎ込んでは苦しむことになるのです、しかもそれが子どものためと信じて。

無論、そういう親に振り回される子どもも悲劇です。親の要望を察知するために親の顔色を伺うことになったり、親の願望に合わせて無理をしてみたり、合わせ切れないと反発してみたり、自己否定におちいることになったり、いろいろな悪影響がでてきます。

決して特殊な例ではないこうした親子の実際をお二人の方の上級欠席論文[1]からみていきましょう。

八木直子さんは三人のお子さん（長女一一歳、次女八歳、三女三歳）をお持ちのお母さんで、保育士の経験もおありです。

子どもが生まれる、ということは、夢と希望に満ちあふれた、素晴らしい瞬間です。八木さんは、その時の感激をこんなふうに綴っておられます。

出産、この時ほど、世の中の母親たちが「すごい！」と思ったことはない。自分を生んでくれた母親の思いをひしひしと感じられた。お乳も飲めない長女。それでも、いとおしいという思いが、心の奥から湧き出てきた。

そして、これで自分も一人前、という満足感をもたれました。

しかし、また、そんな感激や満足感がいつまでもそのまま続かないのも、母親なら誰しも経験するところです。

八木さんも夜中にも泣く、抱いてないと泣き止まない、体重増加が思わしくない、

人によって違う助言をされる、などの現実の前に、

その頃、わたしも泣きたくなり、「なんて大変なんだろう。もう、子どもはたくさん!!」という思いが強くなった。

と当時を回想されています。

子育ては教科書通りにいかないことばかりです。予測のつかないこと、思い通りにいかないこと、計算が狂うことの連続です。今まで学校や会社で学んできたような「効率」や「努力の成果」が実感できないことも多い世界です。そのうえ、体力、忍耐をかぎりなく要求される毎日が続きます。

はじめて親になった人は誰でもが経験するところです。

そして、子どもが少し成長してくると、こんな子どもに育てたいと、生まれたときに思い描いていた理想と、現実とのギャップも感じるようになってきます。

そんな理想と現実のギャップを埋めようとして、親はますます口うるさく子どもに干渉していきます。

「それはダメ！」「はじめに宿題をしなさい」「××ちゃんと遊ぶのは、×時から」「犬にエサをやりなさい」「今日は漢字の勉強をしなさい」「計算ドリルここまでしなさい」

八木さんはそんな「なさい」「なさい」の連続のある日、ハッとある事実に気がつきます。

長女が「お母さん、今日髪も洗っていい？」と聞いてきた。その時私は「ハッ！」とした。髪を洗おうか、洗わないべきか、この子は考えられないのだ…と。

このままではいけない、と気がついたこの時、親業との出会いがありました。

その頃、親業の一般講座があり、そのチラシに、「私達母親は親のやり方って習ったことない！」というのが目にとまった。そう—親とはこういうもの！という漠然とした考えはもっていても、それがどうなのか、いいのか、悪いのか、ということは考えていなかった。

そして、講座で親業を学ぶことで、気がついたのです。

私の都合の良い子、皆の私への評価が下がらぬよう勉強の出来る子を創っていた気がする。……「私の思った通りの子、勉強の出来る子、人に迷惑をかけない子、等」子どもたちを自分の所有物のように考え、思い通りにならないと、怒鳴ったり、たたいたり、ひどい時は、自分のイライラのはけ口のようにしていた。

ということに。

もう一人の西崎スウさんは海外研修の経験もある優秀なキャリアウーマンです。一年間の育児休暇を終えて、仕事に復帰したものの、息子が伝染病を立て続けに三つも患ったことから、何年も努力して手に入れた管理職の仕事を、復帰後わずか四か月であきらめざるを得なくなりました。不本意な思いで専業主婦になった西崎さんは、とにかく何か成果を出したい、とトイレットトレーニングにはまったのです。

しかし、

時期がきていない息子に無理じいしても良い結果がでるはずもない。そそうをするとカッとする私。叱られるとトイレに行くのが怖くなる息子。悪循環だった。結局、幼稚園の年少組に入る頃になってもうまくいかなかった。何だか空回りしていた。何をしても自分の子どもが劣っているような気がする。「私は一生懸命やっているのに何だこの子は。お着替えだってできない。指はしゃぶる。みんなといっしょに遊ばないで一人でぽつんとしている。幼稚園が終わった後、お友達と遊ぶ約束ができない。イジイジしている。道で会った人に挨拶できない。何だ！何だ！こんな子が私の子ども？」私はほとほと子どもとの暮らしに自信を失っていた。

そして、八木さんと同じように、ある日、息子の現状にハタと立ちどまります。

ある日気がついたら、両手の指全てをかわるがわるしゃぶっている息子が目の前にいた。手以外に上着のすそ、袖、かばんのひも、常に口の中に何かを入れている。これがわが子の現実。これが私の現実。

そして、親業に出会った西崎さんも、ご自分の気持ちを客観的に整理できるようになっていったのです。

私は息子を通じて自己実現をしようとしていたような気がする。子どもが生まれるまでは、一生働き続けるんだと意気込んでいた私。いざ仕事をやめ子どもと向き合ってみると何をしてよいのかわからない。社会からの隔絶感。キャリアウーマンとしての敗北感。大学時代の友人の活躍を見るにつけ焦燥感も増した。でも、これらはすべて私自身の問題であった。問題山積の私の心の窓は息子を受け入れるにはあまりにも狭すぎた。愛しい息子のはずなのに、彼なりの成長を受けとめきれなかった。

親が子どものためにと、奮闘する姿の中に、実は自分自身の見栄やまわりからの評価を気にする心がある場合があります。

親が「子どものため」にと思って、あせればあせるほど、子どものためにならない場合があります。

理想の子どもの姿を追い求める中で、自分の子どもの本当の姿を見失うことがあります。

親業の勉強は、そんな自分自身の育児について、振り返るチャンスをくれます。そして、親業を学ぶことによって、ありのままの子どもを受け入れることができるようになると、親をすることのあせりや苦痛から解き放たれ、自分らしく、楽しんで親をすることができるようになります。

三人のお子さんのお母さんである八木直子さんは

(講座の)回をかさねるごとに、自他分離のこと、子どもの行動に目を向けていくこと、そして、何よりも今の気持ちを聞いていく、今の思いは？と問いかけていくことの大切さ。そして目的は何か、感情を爆発させるためだけか、行動を変えてもらうために話すのか、ということを考えて伝えていく必要性を、強く感じた。そう思うと、子どもたちの思いは「家族の愛」みんなが仲良くあることだと、気づき、本当にいとおしく、存在そのものが、ありがたく思えた。そしてわたしの願いも、「家族の平和」であることに気づけた。そう思うことで、子どもの話もよく聞け、いつくしみをもって、接する私に変わっていた。……これから、子どもと共に、楽しく楽に、夢に向かって生きていける気がします。

と、今のご自分の心境を語っています。

あんなに、優秀な子どもを育てたい、とあせっていた西崎さんも、今はお子さんと間に、ゆったりと流れる時間を楽しんでいます。

「お母さん、こぼしちゃった」牛乳をこぼした息子がいう。

「はい、これでふいて。別にどうってことないんだよ。こぼしたって、ふけばいいんだからね」と私。

「お母さん、ぬれちゃった」どうやらパンツにおしっこをひっかけたらしい。「あっ、そう。ぬれたって気にしなくていいんだよ。パンツはきかえればいいんだから」

こんな、たわいもない会話をかわしながら、息子との間に流れる暖かい空気をしみじみと味わう。明らかに問題なし領域が広がっている。親業を学んでよかったなと思う瞬間である。

子どもにとっても、キリキリと親に怒鳴られ、親の顔色を伺いつつ過ごしていた今までと、何と大きく違うことでしょう。

こんなふうに、ゆとりをもって、接してもらえることが、子どもの成長をどれほど、豊かに手助けすることか。それも、親にとって都合のいい理想の子どものではなく、子ども本来の力を十分発揮できる個性ある、主体性のある、子どもとしての成長を。

親業訓練は、親が自分自身の子育てを見直すきっかけを、ありのままの子どもをみつける視点を、提供してくれます。そして、ありのままの子どもをみつけることができたなら、そこが、親子共に成長する出発点となるのです。

西崎さんは論文の最後をこう締めくくっています。

親業訓練を受け始めて、今やっと子育てのスタート地点に立てたような気がする。

(2) 親としての軸が定まる

事業を始めるのに、自分が到達すべき目標をあいまいにしたまま、目標達成のための戦略も考えないまま、始める人はいません。そんなことをして、成功するはずもないからです。物を売る仕事だとしたら、どうしたら売れるのか、顧客のニーズは何か、市場調査をしたり、成功者を参考にしたり、いろいろ研究する必要があります。その上で、自分のビジョンと計画をもって、事業に臨むのです。

子どもを生み、育てる、ということは、覚悟のいる一大事業です。

しかし、たいていの親は漠然としたイメージだけを頼りにこの事業に飛び込みます。「自立心のある子」や「思いやりのある子」を育てたい、といった希望はあるものの、それでは、どういうことが「自立心がある」ということであり、「思いやりがある」ということなのか、どういう育て方をすれば、そういう子どもが育つのか、明確なビジョンも方法もないまま、第一歩を踏み出すのです。

育児書や参考書は、数多く出版されていても、何が正しいか、何が効果的か、本当のところ、誰にもわからないところに、子育ての難しさがあります。「添い寝」ひとつをとってみても、「添い寝はよくない」と育児書に書いてある時代もあれば、海外でも見直されていると話題になったり、様々な立場や考え方があり、それも時代時代で、変わってきます。子ども一人一人の個性も違えば、家庭環境も違うことを考えれば、いろいろなデータや実験や調査も、参考にこそなれ、それでは自分はどう子どもと向き合うか、という答えにはなりえません。抽象的なイメージばかりで、親としての軸が定まらないまま、いたずらに多くの情報や意見に振り回されることが多いのが、現状ではないでしょうか。

頭では理論だけわかっていても、それを具体的な対応に生かせない辛さ、子育ての不安を何人もの人が語ってくれています。

子育てについてもひとつひとつ迷い、躾と称して親の都合で叱っているのではないかと迷い、同じ事を子供がしていても、親の感情で許したり叱ったりしている自分がいやになったりしていました。面白くてのぼっている食卓から、子供に「もうそんなことはやめて」と叫びながら引きずり降ろすこともあれば、満足するまで遊ばせておくかと思ったり、という状態でした。

この頃私も育児書を色々読むようになりましたが……子どもの自発性・思いやりを育てることが大切ということにとても共感し、私自身のこの気持ちを忘れないようにと思いながら、現実に毎日子供と対面していると、自分の思い通りにならない不自由さ、ひとりになる時間・自分の時間がないというストレスの方が強くなり、結局本を読んで二〜三日は私の気持ちも穏やかでいられるのですが、そのうち、自我が強くなり、自分のいらいらしてくる感情がおさえきれずに子供にあたってしまうということの繰り返しでした。（小田恵子上級欠席論文）

しかられる時のつらい気持ちがわかるのに、娘をしかるのをやめることができない。娘を愛したいのに、愛することができない。やさしくしたいのに、やさしくする方法がわからない。苛立ちはつのるばかりでした。（森下加代子上級欠席論文）

子どもと「向き合う」「受けとめる」ということが大切だと理論的に知っていても、わが子のこととなるとできませんでした。（石原裕美子上級欠席論文）

まじめに一生懸命育児に取り組む知的なお母さんほど、このようなジレンマに苦しむことが多いのではないでしょうか？

親業をよく知らない方は、親業も母親にとっては目新しい子育て理論のひとつと思われるかもしれませんが、実は大きく違うのです。

親業に出会うことは確かな育児の指針を得ることです。それは、一つ一つの行動の裏づけとなる理論を手に入れると同時に、具体的な場面場面に応用のきくスキルを手に入れることであり、それが子どもの成長と自立を促す対応であることを日々実感できる、ということなのです。

親業に出会った感想を前述の石原さんは、こんな言葉で表現してくれています。

はじめて不登校に出会った頃、進むべき航路を見つけるとき羅針盤を持たない不確かさのようなものを感じ、どうしようもない心細さにさいなまれました。でも親業に巡り会った今は、違います。不安になること、迷うこと、悔しいこと、納得いかないこと色々ありますけど、親業という羅針盤を持っていますから、たとえそれが嵐になってもなんとか乗り越えられるでしょう。今はそう信じています。（石原裕美子上級欠席論文）

別のお父さんも親業を受講してからの育児に対する気持ちの変化をこう語っています。

親業を受講する前は、父親として子どもとの接し方に戸惑いを感じることがよくありました。しかし、受講してからは、育児に対する不安はほとんどなくなりました。子どもとの間に問題が発生した時、親業の考え方を実践して見ますと、連立方程式を解くように問題が解決します。そんな時、子どもも私もスッキリした気分になります。（機関紙「おやぎょう」）

親業を学ばれた方のこうした感想は、親業のどこから生まれるものでしょうか？単なるハウツウものの育児書とも違い、原則論や抽象論を並べた育児参考書とも異なる、一番大きな点は、親業が具体的な行動基準と、方法をもっていることではないかと思います。それが「行動の四角形」の存在であり、能動的な聞き方であり、わたしメッセージであり、第三法なのです。

行動の四角形を知ると、初めて、自分の気持ちを整理できないことが、自分を苦しめ、子どもも苦しめていた、ということに、気がつきます。

「誰の問題か」整理が出来ないばかりか、そうした視点も持っていなかったので、「私の問題」を「相手の問題」の上に重ね、重ねることで「私の問題」をより大きくしたり複雑にしていたようです。わが子が問題を発信しているのに、「私の問題」ばかりを投げかけ続けていたのですから、「傷付けあう」関係でしかなく、親子関係、絆が崩壊したのは当然のことだったのです。(石原裕美子上級欠席論文)

逆に言えば、「行動の四角形」を使いこなすことができると、個々の場面で、自分の気持ちを整理できるので、自分のとるべき対応がはっきりします。そこが明確になれば、具体的なコミュニケーション方法として、どのスキルを使えばよいのか、おのずとわかってくるのです。親としての軸が定まってくるということです。

次にご紹介する小島由紀子さんの上級欠席論文には、迷いの多かった子育てから、親業を学ぶことで、自信を取り戻し、「わたしの目指す子育て」を手に入れられた過程が率直に綴られています。その中でも、(行動の四角形を使って考える)問題所有の原則を知ることが、いかに大きかったかを語ってくれています。

私は、子育てを子どもを叱ってでも自分の正しいと思う方向に導きしつけることだと思っていた。「導く」と言えば聞こえはよいが、要するにコントロールをしようとしていたのである。〝子どもは親の言ったことに素直に従うものだ〟と思っていたので、そうならない娘に絶えずイライラし、頬を叩いた。そんな私に対し、娘は必死に抵抗をした。いろいろな子育て本を読み、「子どもの親に対する抵抗が自己主張であり、普通に成長している証拠である」とわかってはいても、いざ自分のこととなると、娘をあやまらせないと気がすまない精神状態になっていた。……今思えば、きびしさばかりで、娘に対する優しさや思いやりを示していたのだろうか？と反省している。

結局、私が勉強不足だったのだ。親の権力で厳しくすることはできても、〝優しさや愛情〟と〝甘やかし〟の区別のつけ方が、わからなかった。子育てに関する本を何冊も読んできたが、実生活の中では、知識よりも一瞬の感情の方がはるかに早く表に現れる。娘が小さい頃からの積み重ねを改善すること、つまり、私が子育ての方法を勉強し、より良い親子関係を築くことが私の課題となった。

私が親業を知ったきっかけは、たまたま目にした市報だった。今まで、しつけだと思ってやってきたことが良いか悪いかも判断できなくなるほど、思い悩んでいた私は、親業デーの講義の内容を見て、すぐ申し込みをした。

初めて参加した親業デーで、私は目からうろこが落ちる思いであった。涙があふれて止まらなかった。なぜなら、私は、子どもに対して常に一二の障害を使い続けてきたからだ。娘との関係が良い時は、普通の親子だが、関係の悪い時は、朝から晩まで一二の障害のどれかを使い敵同士のようだった。娘が私の思いどおりにならないと〝顔も見たくない〟と別の部屋に逃げることもあった。これでは、娘もたまらない。ロールプレイで一二の障害を言われる側を体験すると、確かに自分の気持ちが相手に伝わらず嫌な感じを持ち、話す気持ちもなくなり落ち込んでしまう。娘との関係を悪くさせたのは、私であった。

私が親業を勉強して一番良かったことは、子どもの問題と自分の問題を分けて考える、いわゆる「問題所有の原則」を知ることができたことである。今までは、子どもの問題イコール私の問題となり、いっしょに悩んだり怒ったり、解決策を提案したり命令したり、いろいろなことをしてきた。娘から学校の様子を聞いてはみても、〝どこまで本当かわからない〟と疑い、娘に質問することで、「何で、私のいうことを信じてくれないの」と、自分が信頼されていないことを瞬時に悟られて、ごまかすことができなくなった。

ところが、子どもの問題を能動的に聞いてすべてを受容するように心がけ、本人に解決させることで、娘は自信を取り戻し、親子の信頼関係も深まり、反抗されることが徐々に減ってきたのである。娘に自己反省の気持ちが芽生え、……友達に思いやりを示すような変化も表れ始めた。私の気持ちにも余裕ができて、問題のない時に私の価値観を伝えると、信じられないほど自然に、娘の心に届いた。これこそが、私が目指す子育てであり、一日のうちで良い関係の時間が少しでも長く保てるようにしたいと願っている。（小島由紀子上級欠席論文）

同じように、「行動の四角形」を使いこなすことができるようになった心境を、森下さんは、次のように、語ってくれています。

この森下さんは、親業を学ぶ前には、「しかられる時のつらい気持ちがわかるのに、娘をしかるのをやめることができない。娘を愛したいのに、愛することができない。

やさしくしたいのに、やさしくする方法がわからない。苛立ちはつのるばかり」と嘆かれていた方です。

最近は、頭の中で行動の四角形を思い浮かべ、問題を整理することができるようになりました。

「私は、今どういう気持ちなの」という、問いかけをすることによって、相手が感情的になっていても、冷静になれるし、自分の中の自分と対話していると、まるで、だれかに話を聞いてもらっているかのように、とても心が軽くなり、楽になります。そして、自分の感じていることを、率直に、相手に伝えることもできるようになりました。（森下加代子上級欠席論文）

その結果、森下さんとお子さんとの間には、こんな素敵な会話がかわされるようになっています。

先日、七歳の娘、里佳（仮名）がはしかにかかり、とてもかゆがっていた時の会話です。

里佳　　「かゆい、かゆい、かゆいよう」
森下さん「かゆいねえ」
里佳　　「ねえ、ママー、かゆいよう」
森下さん「りかちゃんがかゆがっているのに、助けてあげたくても、何もしてあげられなくて、ママはとってもくやしい」
里佳　　「ママのそばにいるだけでいい。ママにくっついてると、かゆくなくなる」
森下さん「そう、うれしいなあ。じゃあ、くっついていて！ずうっとはなれないで、くっついていてよ」
里佳　　「うん！」（とってもよろこんでべったりとくっついている。ちっともかゆくなさそう）
里佳　　「ママ、ほんとにかゆくなあい！」

私は、親業を学んでいてよかったと、この時ほど強く思ったことは、なかったように思います。こんなにも、スムーズであたたかい会話ができたなんて、夢のようでした。私が優しい母親になれる時がくるなんて……。心から娘を思いやり、本当の自分の気持ちをわたしメッセージで伝えることができ、とてもよい気分でした。

(3) 親が変われば、子が変わる

親は子どもに多くの期待をよせています。だからこそ、ガミガミいい、うるさく干渉し、子どもを変えようと必死になるのです。そして、変わらない子どもに苛立ち、腹をたて、力でいうことをきかそうと試み、ますます親子関係を悪化させていきます。

しかし、今までみていただいておわかりのように、実は親が変わるほうが、よほど簡単であり、効果的なのです。親の対応が変われば、子どもの反応は確実に変わります。子どもの反応が変われば、親の子どもへの見方が変わります。親の見方が変われば、また、子どもの行動も確実に変化していくのです。

親業にはその事例が枚挙にいとまがないほどです。というよりは、すべての事例が「親業を学ぶことで親が変わり、そのことが子どもの変化を生んだ」事例といって差し支えないといえるかもしれません。

その中でも、親が「自分が変わったことで子どもが変わったのだ！」と実感された例のいくつかをご紹介しましょう。

1) 謝れない憎たらしいわが子が（機関紙「おやぎょう」）

初めて「親業一般講座」を受けたのは、一七年前です。当時三歳だった長女がやっかいな子になり、子育てにほとほと困り果てていたからです。

娘は、お友達のおもちゃを欲しいとおもったとたんに、相手の子の髪をひっぱり、顔を引っかき、最後は噛みつき……。来る日も来る日もこの繰り返し、私は手をやいて「何でお口で貸してっていえないの！この手が悪い！ごめんなさいは！」と。思いきり娘の手を叩き怒鳴る。しかし娘は、ムッとした顔を見せるだけなのです。

どうすれば、他人に迷惑をかけない、人の痛みのわかるやさしい子になるのだろうと悩んでいました。

そんなある日「どんなに子どものためを思って叱っても、それが子どもに通じなければ意味がない」という文字が、私の目に飛び込んできました。その言葉にハッとしました。見るとそれは「親と子の心と心の架け橋をつなぐ親業訓練」の本だったのです。私は早速知人と受講しました。

親業を学び始めた私は、娘がお友だちとおもちゃの取り合いをした時に学んだことを思い出しました。怒鳴らず叩かず「おもちゃを使いたかったのね」と娘の気持ちを受けとめました。すると娘は「うん」とうなずき、お友だちが貸してくれるまで待つことができたのです。

私は、娘のことを「いつも口を真一文字に結び、謝れない憎たらしい子ども」と思っていたので、この展開にはとても驚きました。

心もとないながらも、私だけが接し方を変えただけで、こんなに娘が変わるなんてすごい！この時の驚きは今でも忘れられません。


はじめ、このお母さんは、娘にお手本を示していました。何か気に入らないことがあったら、あなたも相手をこうやってたたけばいいのよ、という悪いお手本を、です。それを体で覚えさせられた娘が、人に対する優しさを学べるはずもありません。

このお母さんが親業を学ぶことで手に入れられた、親が子どもの気持ちを受けとめて待つ姿勢こそが、子どもの忍耐する心を、待つ余裕を育てていくのでしょう。

2) 不安なのは子どもだった（機関紙「おやぎょう」）

講座初日の夜、大きなできごとがありました。夕飯の支度の時に私がお皿を運ぶと、息子が「自分でー」といって泣き出し、「じゃあ運んでね」「ママが！」「ママが運ぶの？」。「ヤダ！」と大泣きです。こんなことは何度もあり、〝また赤ちゃん返りだ〟と、イライラしていました。

その時、ふとその日の講座で学んだことを思い出しました。「行動の四角形」です。

〝ああ、これは私の問題だ、私がイライラしている、私がいやなんだ〟そう思ったらスーッと気持ちが落ち着いてきたんです。見ると、子どもは床にへたり込んで泣いている……どうしてこんなに泣いているんだろう？と、子どもを見ると、一人ぼっちで不安そうに見えました。その時ハッと、問題を持っているのは子どもだ、と気がついたんです。自分は嫌われ見捨てられる、と不安になっているんだ、と感じたのです。「ごめんね」と、私も泣きながら子どもを抱きしめました。二歳の子にこんなつらい思いをさせて、すまない思いで胸がつぶれそうでした。泣き続けていたら、私の腕の中で、安心した顔で寝ちゃったんです。その夜はずっと抱っこしていました。

そしたら驚いたことに、翌日から子どもがすっかり落ち着き、癇癪を起こしたり、ずっと泣き続けることが、なくなってしまったんです。

私が子どもの問題と私の問題をきちんと整理できたことで、子どもをそのまま受け止められたから、安心してもらえたのかな、と思います。

子どもは敏感なものです。親が不安だと、子どもも不安になり、親がイライラすると、子どももイライラし、親が落ち着くと、子どもも落ち着く。子どもは親の心を映す鏡のようです。

親がしっかりした育児の方針をもって、安定して自信をもって子どもと向き合うことができれば、子どももまた、安定してきます。

ここでもまた、行動の四角形が親の問題を整理し、親の気持ちを落ち着かせるのに役立っています。そして、気持ちを整理できたところから、具体的なコミュニケーションスキルが適切に発揮されることになるのです。

このお母さんは、今、「親業と育児と育自を学ぶ学習グループ」を立ち上げて、受講生の立場で親業を広げる活動を続けていらっしゃいます。

3）親の一言が子どもの行動を変えた！（二〇〇二・一・一五産経新聞）

結婚五年目で待望の長男を授かった宮下のぶえさんは、子どもが可愛くて可愛くて仕方ありませんでした。

しかし、二歳になるころから、反抗期が始まりました。自己主張をして、いうことを聞かなくなった長男に、どう対応していいか、わからなくなりました。宮下さん夫婦とも両親は高齢で離れて暮らしています。夫は仕事で毎日帰りが遅くなります。四六時中長男と二人っきりの孤独な毎日に、宮下さんはノイローゼになる直前でした。

そんな時、親業の本に出会ったのです。そして、彼女のその後を決定づける出来事が起こりました。

公園で長男を遊ばせていた時のことです。雨雲が上空を覆い始めました。宮下さんは長男に声をかけました。「帰りましょう」遊びに夢中の長男は返事もしません。そこで、宮下さんは、読んだ親業の本を思い出しながら、子どもに考えを押し付けるのでなく、自分の気持ちを率直に伝えるわたしメッセージを使ってみました。

「ママは傘をもっていないの。びしょびしょになるのは、イヤなのよ！」

すると、どうでしょう。長男は「帽子があるよ」と自分がかぶっていた帽子を貸してくれ、家へ向かってスタスタと歩き始めたのです。

「早く帰らないと濡れるでしょ！」「どうしていうことをきかないの？」などのあなたメッセージを投げかけていたら、子どもは「イヤ」と反抗したかもしれません。親の言葉を無視し続けて遊んでいたかもしれません。そんな子どもに親は「また反抗して」とか「自己主張ばかりして」とイラだち、子どもに対する否定的な見方ばかりがふえていったに違いありません。

しかし、親の思いを一言、率直にわたしメッセージで伝えた時、子どもは動いたのです。しかも、子どもの本来の優しさを見せてくれた上で。

宮下さんはこれをきっかけに親業の講座に参加しました。今では、親業訓練インストラクターとして親業機関紙の編集に携わる一方、講座、講演会に活躍しています。

(4) 深刻な問題も親業で乗り越えて

今、子どもをめぐる様々な問題が取りざたされています。いじめ、不登校、拒食過食、ひきこもり……。いずれも、いつどの子どもに起こってもおかしくないといわれています。

また、思いがけず、子どもの障害が明らかになることで、親子とも試練を味わうこともあります。

親子をめぐる様々な問題は原因も様々なら、問題の態様も様々です。

親業は、そんな深刻な問題を抱えた親子に光を与えてくれることがしばしばあります。

1) 不登校は子どもの問題（機関紙「おやぎょう」）

工藤さんは、自分の親とは違う子育てをめざして、親業の講座を受講しました。そして、「親業で温かい親子関係が築ける。親業を知る人が増えれば、寂しい思いの子どもが減る。親も気持ちが楽になる」そんな思いから、親業のインストラクターになりました。

そんな工藤さんの息子が不登校になったのは、中学二年から三年にかけてのことです。息子が学校に行きたくても行けない時期が工藤さんにとっても一番気持ちが揺れて、辛い時期でした。葛藤する息子の心の辛さが伝わってきて、「そんなに辛いなら行かなくていいよ」と何度もいいそうになりました。けれども、工藤さんはその一言をいわないよう、自戒していました。行く、行かないを決めるのは、息子自身だと思っていたからです。

実際、「しばらく学校に行かない」とはっきり決めたのは、本人でした。そしてまた、高校へは絶対行きたい、といっていた息子は、中三秋の文化祭をきっかけに学校に戻り、一日も休まず登校して、見事高校に合格したのでした。

後に息子は「学校に行かないって決めたのは自分だから、入試に不利になってもそれは自分の責任だと思った」といいました。工藤さんにとって、何よりうれしい言葉でした。自分の問題は自分で解決し、自分で決めたことには自分で責任をもつ、自立した人間として成長した息子の姿がそこにあります。工藤さんは次のように記しています。

子どもの人生は子どもが決める。頭ではわかっていても、目の前で子どもが悩んでいる時、親が口出しせずに話を聞くのは難しいことです。

それでも、子どもを信じて親業の方法を実行したら、息子は自分の力で考え、行動し、自立に向けてしっかり歩んでいきました。

高校はとても楽しそうで、毎日意欲的に通っています。

息子が小さい時から、親業を意識して接するたびに、私は子どもの持っている力を実感し、子どもに任せて大丈夫と確信しました。親業を知っていて本当に良かった。


親業を実践していさえすれば、深刻な問題が絶対に起こらない、というわけではありません。しかし、どんな問題に遭遇しても、親業を学んだ親には一本筋の通った理念があり、それをもって子どもを信頼して対応することが可能であり、そのことが子どもを自立に向けて成長させることにつながっていくのです。

2）学習障害の子どもをもって（機関紙「おやぎょう」）

五体満足に元気に生まれてほしい、とは出産のとき誰でもが願う親の思いです。人並みに育ってほしい、というのも、親としての思いでしょう。

しかし元気に生まれ、人並みに育っているわが子が、実は何らかの障害をもっている、と知らされる経験をもつ親もまたあります。

井筒さんの三人の息子のうち長男は、小学校入学後、学習障害だとわかりました。

他の子と違う行動の目立つ長男に、何らかの障害を疑う気持ちは心の奥底にはありました。……

障害だとわかり、この先、どうこの子を育てればいいのか、先の見えない暗闇の中で、私は、もう一歩も動けなくなりました。

……

苦境からの脱出は「親業」との出会いがあったからです。否定的な考え方も、落ち込みも無条件で受容してくれる人がいて、初めて抜け出せることを、身にしみて感じました。

辛い状況を嘆くのではなく、自分と今を見つめて、できることをしていこう。そう決心して以来、誰のせいにもせず、私は前を向いて歩き始めたのです。

中二になった長男は、今年自分の意志で特殊学級から普通学級に変わりました。からかわれても屈することなく援助を求める。この子は、自力で障害を個性に変えた。

与えられたカードの中で、精一杯幸せに生きることを長男が教えてくれました。

親業に出会って、受容される体験を味わうことで、井筒栄子さんは、受容することの大切さを学びました。そして、母親である井筒さんから受容される体験を積む中で、長男もまた、自分の障害を受け入れ、自分らしく歩み始めたのです。

「どんな時も心の声を聞きながら、正直に私らしく生きていける」

自信をもってこういえるようになったのは、失敗の中からも何かを学び、困難を乗り越えて来たからです。

いつも支えてくれた「親業」のスキルは、私の中の財産です。

(5) 予防効果を発揮する親業

確か星新一のショートストーリーだったと思うのですが、詳細は忘れましたが、こんなあらすじのフィクションがありました。

「ある村に流れる川で、川上からお地蔵様が流れてきました。村人はお地蔵様を拾い上げ、大切に祭って、お参りしました。しかし、これといって、格別いいことが起こるわけではありません。平々凡々とした毎日が続くだけです。何か霊験あらたかなご利益を期待していた村人はがっかりし、腹もたて、役立たずのお地蔵様だ、と川に捨ててしまいました。その直後から、村にいろいろな災害が起こるようになりました。捨ててしまったお地蔵様は、災いを防ぐ力をもったお地蔵様で、今まで村を守っていてくれたのでした」

親業にもこれに似たところがあるように思います。親業を学ぶ方の多くは親子の間に深刻な問題を抱えていない、ごく普通の親です。より温かい親子関係、より親密な人間関係を求めて受講される場合がほとんどなのです。

それらのご家庭では、親業を学ぶことで、子どものサインが小さなうちに親が気付いて深刻な事態になる前に、手当てができた例は山ほどあることでしょう。夫婦の間に亀裂がはいりそうな時、親業を生かした会話がそれを未然に防いだことも数限りなくあることでしょう。親業を知らなかったら、大きな波風がたち、深刻な葛藤や苦しみが生まれていたかもしれない、幾多の問題の芽が、早いうちに刈り取られているに違いないのです。

親業はごく普通の家庭で、外からはまったくわからないような状況の中、華々しく語られることがない場面で、しかし、確実に、家庭の平穏と幸せを守るための「予防効果」を発揮しているのです。

親業が予防効果を発揮したと思われるそんな例のいくつかをご紹介しましょう。

1) いい子の反乱から（機関紙「おやぎょう」）

親や大人の目から見て「いい子」が、本当の意味で「いい子」とは限らない場合があります。昨今、児童が引き起こす凶悪犯罪が問題になっていますが、その加害者の児童が、大人の目でみて「おとなしくて育てやすかった」「素直でいい子だった」と語られることが多いのは、決して偶然のことではないと思います。

自分の生の感情を抑圧して大人に合わせざるをえない状況で育ってきた場合もあるし、自分の中にある様々な感情に気づき、それを表現することを学んでこなかった場合もあるでしょう。そうした子どものすべてが凶悪犯罪に走るわけではありませんが、どこかで無理をして演じる「いい子」は必ずどこかで破綻するものでしょう。そして、破綻する時期が遅ければ遅いほど、深刻な問題を引き起こす可能性があるといえるかもしれません。

共働きをしていて、二人目の娘が生まれた時から姑と同居するようになった山田さんは、姑が娘をとても可愛がってくれ、娘も姑になついてくれていたことから、安心して、仕事に打ち込んでいました。

娘は「いい子」で、兄が後片付けしないで怒られると、自分はいわれる前に全部してしまうような子でした。私も何も問題のない子だと思っていました。

ところが（小学校入学前の）三月、何でも親のいうことを聞いていた娘が、突然絶対引かない調子で自己主張をしたのです。

山田さんは、その前に長男の問題で親業を学んでいました。

講座で学んだ「能動的な聞き方」で聞いていくうち、娘は、長男と比べて私に愛されていないと感じていたことがわかりました。娘は、私を求め、私に誉められたくて、懸命に「いい子」にしていたのでした。

「お母さんはいつも〝あとでね〟〝おばあちゃんに話しなさい〟〝ふーん〟ばかり」と言われた時は、娘のさびしい気持ち、娘の努力が痛いほどわかりました。

娘が姑になついている安心感から、私が手を抜いていたことを娘に話すと、娘は「本当の親がいい！」と私に飛びついてきました。
親子の気持ちが通い合ったこの瞬間を、わたしは生涯忘れないだろうと思います。私の愛情を確信した娘は、小学校入学後の半年間に、かぶっていた「いい子」の仮面を捨て、自由で、わがままな、自己主張をする子になりました。友達とのトラブルもあり、担任の先生から注意がありました。

その一つ一つに「わたしメッセージ」「第三法」で接したところ、娘はよくそれらを理解し、自分を無理やり押さえ込んだ「いい子」ではなく、思いやりがあり、自己コントロールのできる、明るくて積極的な「いい子」になっていきました。

担任の先生からも、半年間でこんなに変わる子を初めて見た、といわれました。私はこの子を心からいとおしく思い、大切だと思っています。娘も私を尊敬し、慕ってくれているのがわかります。

このような関係になれたのは、親業のおかげです。もし、親業を知らなかったら、娘が思春期になったころ、大きなしっぺ返しがあったと思います。

親の愛情を求めて無理をする「いい子」から、あるがままの自分が受け入れられ、愛されていることを知って、自立する子どもへと、山田さんの「娘」は大きく変貌しました。親の愛情に変化があったわけではありません。親のコミュニケーション能力の向上が、あるがままの子どもを受容し、大切に思う親の愛を「しっかり伝える」ことを可能にしたのです。そして、親の愛情を確信することができた時、子どももまた、自分を受容し、自信をもって振舞い、自分の行動に責任がとれる、自立した人間へと、成長することができたのでした。

２）不登校が本格化する前に（岡野志保上級欠席論文）

岡野志保さんは、三人のお子さんのお母さんです。口数も少なく、何かと気にかかる長男と、広範性発達障害の次男の間にはさまれて、長女は親の目から見て、自分のことは、自分で出来る問題のない子と思われていました。

しかし、実は親が安心して頼り切っていた分、自分の辛さを人にいえない子になっていたのです。

長女はいじめにあっていた時も、私に知られると心配するからといわずに辛抱していました。長男の野球の応援に行きたくない、といっていた時も、その同じ仲間の中にいじめていた子がいたために行きたくなかったのも、後になって知りました。次男に一所懸命親業を使い、長女は大丈夫だと安心していて、頼りきっていたのだと思います。

昨年、中学に入学して新たなスタートをし、私も子供も期待と不安で始まりました。やはり二学期になり、小学校の同級生からのいじめが少しずつひろがり、学校に行きたくないという日がありました。前から少しずつきいていましたが、先生に私からはいわないでほしい、自分から先生にいうということで様子をみていました。けれどやはり良くなることはなく、耐えられなくなったのでしょう。休みたいといった日にも私からは、いわないでほしいといわれましたが、子供の気持ちを受けとめてから、「中学校は皆が行かなくてはいけないところなのに、あなたが行けない状態になっているのはおかしいでしょう。私はあなたが楽しく学校に行けるようになってほしいから先生に相談したいのヨ」と私の気持ちを伝えました。その後、先生がその生徒一人一人に対応し、今は学年が変わろうとしてしますが、「クラス替えなければいいナァ」ということをいうようになりました。そのことで子供達にいっていることがあります。

「命はやり直すことはできないけど、生きていれば、やり直すことができるんだからね。どんなことだって解決する方法はあるんだから。いつでもあなたたちの味方だヨ」ということができるようになりました。私も親業失敗しても振り返って「さっきはごめんね」と素直に謝り親業をやり直し、行ったり来たりしていますが、少しずつでも前進しながらマイペースに親業を自分のものにしていきたいと思っています。そして、親業が周りの人たちに少しずつでも影響していけたらと思います。

私にとっての親業は、私らしく生きていくために大きな存在になっています。これからも親業を勉強しつづけ、充実した人生を過ごしていきたいと思います。

不登校の問題で一番大切なのは、初期対応です。子どもが出すサインを早めにしっかり受けとめて親が子どもの気持ちを受容することで、子どもの気持ちが安定し、自分なりに問題を解決する意欲が芽生え、長期化を防げる場合があります。

岡野さんは、折々にふれ、長女の気持ちを能動的な聞き方で受けとめていきました。そして、必要と思われた時には、しっかりわたしメッセージで、親の思いを子どもに伝えていきました。そのことが、長女の不登校を長期化させることなく、問題を解決に導いたのだと思います。

親の「いつでも、あなたの味方」というメッセージも、たいていの親は当然そう思っているものの、あまり言葉にしない場合が多いものです。岡野さんのように、キチンと言葉にして伝えることで、子どもをサポートすることも大事なのではないでしょうか？

完璧に親業を生かせなくとも、ある時は失敗を認め、素直に謝れる、一人の人間として、子どもの前に立つ親の姿は、子どもには魅力的な生身の人間として、子どものモデルになっていくのだと思います。

第二節　自分の親との関係の見直し

今まで、親業を学ぶことで、自分の子どもとの親子関係が変わった例をいくつも見てきました。自分の子どもとの関係を見直す時、自分の親と自分との関係をもう一度、見直す必要がある場合があります。私達は人といかに関わるか、どうコミュニケーションをとるか、ということを、主に親から学んできたからです。望むと望まないとにかかわらず、親からされたとおりのものを身につけてきたからです。いわば、しつけの連鎖です。

親のようになりたくない、と願いながら、気がつくと親が自分にしてきたような対応しかできない自分がいる、と苦しむ人がなんと多いことでしょう。

私が嫌いだった母の姿に、いつしか自分も似てきてしまっている。言葉や対処の仕方は違っていても、何かにとらわれている感じが子どもたちに伝わっている気がした。(山口十和子上級欠席論文)

よく考えてみると、私自身子供時代に、親に同じように育てられた。夫婦仲は、決して悪くないのだが、回りの人達がいるため(祖父、祖母、おばさん達)に、けんかが絶えなかった。父親がどなりちらしていた。それを恐怖の思いでみつめていた。そのやり方はイヤで批判しているのに、悲しいこと、そのやり方しか、知らなかった。(八木直子上級欠席論文)

しかし、「学ぶこと」でその連鎖を断ち切ることができるのです。「学ぶ」という知的な作業が、無意識のうちに身についてしまったコミュニケーションの方法を変えていくことができるのです。親業の講座の中で、自分の親と自分の関係を見直す機会が有益であった人が多数あります。

(1) 母からの呪いの言葉を乗り越えて（田口君子上級欠席論文）

そんな例として、親業を学ぶことで、自分自身の親との関係に向き合って、親との関係を見直し、親の影響力を乗り越えられた小学校の教諭の田口さんをご紹介しましょう。彼女の上級講座欠席論文を一部要約しながら、そのままお伝えします。

私が親業と出会ったのは、私が小学校で教論をしており、それなのに子どもたちとの関わりがうまくいっていなかったからである。……

私には一才半年下の弟がいるのだが、その弟が手がかかったことから、私は祖母と曾祖母と共に寝ることになり、二人のおばあちゃんに可愛がられて育った。けれど、心の中では母を求め、でもその気持ちをうまく母に伝えることもくんでもらうこともできずに屈折させていた。母の前では、泣いては叱られひねくれて、優しくされても母を試すようなこともあって、私と母の関係はうまくいっているとは決していえなかった。

彼女は家より居心地よく感じられた小学校で、温かい人柄の先生に出会い、あこがれて、教職を目指しました。

なってはみたものの、しゃべる子どもを注意しケンカをすれば仲裁もしなければならない。私はそれがうまくできなかった。目指すは自分が小学校のときお世話になったあの先生。でも、自分がやっていることといったら、あんなふうにだけはなるまいと思っていた母の叱り方そのものだった。

生徒のケンカの仲裁をすれば、仲直りさせるどころか、ケンカしていたはずの子ども達を苛立たせ、恨まれている自分、このままではいけない、と強く思うようになっていきました。

「お母さんもおばあちゃんのようにはならんぞと思っとったけど、なったけんね。あんたがそげんゆっても、お母さんのごとなるよ」

幼い私が、「お母さんのようには絶対ならん!」と、母に面と向かっていい放ったときの母の言葉である。我が子からそんなことをいわれて、母も辛かったろうし恨みの気持ちもあったろうとは思う。しかし、私もそんなふうにいわれて、まるで私の人生への呪いの言葉のように感じた。……

なるまいと思っていたはずの母のような叱り方をしている。そうじゃない、もっと他のやり方をと思っても、出て来るのはやっぱり同じ。私は身の毛がよだつほどそのことが嫌だった。

学んだのなら、学び直せばいい。

ある時、ふとそう思った。私は母からそういう叱り方を学んでしまったのだ。あいにくそのやり方しか知らないのだ。ならば、他のやり方を学べば良い。心が軽くなった。

そんな時、新聞の記事で親業の講座を知って、講座を受けて七年。

今では二児の母。小学校教諭も続けており、家庭とフルタイムの勤務できついと感じることはあるものの、子供たちのケンカの仲裁なんてへっちゃら。むしろ、子供の顔がすうっと落ち着いていく様子を見られるし、子供の信頼も得られるようで、嬉しいくらいである。ケンカは対立の解き方を学ぶチャンスだと思えるようにもなり、何かと心配なさるお母さんに出会ってもゆとりを持って対応できているように感じる。

何より、母に対する憎しみが消えた。……

私の母に対する恨みは、幼いころ受け入れてもらえていないと感じた寂しさから来ていること。本当は母が大好きであること。私が知らず知らずに母から人とのコミュニケーションの仕方を学んだように、母もまたその母から学び、彼女なりに辛い思いをしてきたと思われること。それでもやっぱり、母に愛されていたのだという何か確信が欲しいと今も思っていること。母は母、私は私であり、一人一人違うけれどみんな大切であること。人間関係の持ち方は、学び直すことができるということ。

その後、初めての子供を産むために里帰りし、検診に向かう車の中で、「初めての子は分からんことばっかり」といった私に、母はこういった。

「分からんことばっかりやけど、だからこそ、そりゃあ一生懸命育てたよ」

その一言で十分だった。ああ、私の、心の曇りはすっかり晴れたと思った。…冷たく凍っていた氷が、暖かい日差しの中で解けていくような感じだった。そして、私はもう大丈夫だと思った。

親業を学ぶことによって、母親との関係をもう一度きちんと見直すことができるようになった田口さんは、母親の率直な一言、期せずしてわたしメッセージになっている一言に、最後のわだかまりも解けたのでした。

(2) 親業で母への思いを整理して（石原裕美子上級欠席論文）

人には過去を整理しないと、先に進めない、という場合があります。過去にこだわり、過去に縛られていると、今の自分に正面から向き合うことができないのです。その状態では、自分と、自分の子供との関係も見直すことができません。親業を学ぶことで、過去の自分の親との関係を卒業し、そこから、自分を肯定できるようになった方をご紹介します。

親業にたどり着くまでの私の思いは、「母への思いを何とかしなくては、先に進めない」「この苦しい状況を変えていかないと、根本的な私を変える事はできない」「子との関係を修復する必要があるのに、どうにもならない」等、不安、ジレンマ、心許なさを感じていました。

どうにもならない八方ふさがりの心情の中で、一〇数年前にほんの三時間程受講した親業のことを思い出しました。親業を学ぶことで、全身に入っていた不必要な力が抜けていくような思いを体験しました。同時に「……しなければならない」という片意地張った、鎧を全身にまとったような生き方に、「どうにもならなくなっていたんだ」と気づくことができ、気づく事でまとっていた「重荷」を一枚一枚脱いでいくことができました。

この心情になるまでは、「自信がもてない」「自己肯定ができない」「人の目を気にする」＝私と向き合わざるをえず、葛藤もありました。

息子が不登校していた時期に、……「楽しく生きたい」……「親だから、子だからという上と下の関係ではなく、一人の人間同士としての付き合い方をしたい」……と親子の関係、人間関係のあり方、築き方について、（息子は私たちに）たびたび話していました。

しかし、当時の私には、私達夫婦にはその言葉のもつ「本質」の所が見えませんでした。アクシデントがあれば、動揺し、オロオロし、回避することを考え、「向き合っている」「受けとめている」つもりが、「自分を出している」だけでしかなく、なんとも情けなく、どうしようのない、変われない親＝私でした。

そんな私でも、親業一般講座を終了し、パート二(2)を受講する頃から変化ができました。受講が進むにつれて、私自身の中にあるいろいろな思いと向き合うことが自然？＝必然？とでき、新たなる私、思いと出会いました。……

親との関係では、ただ漠然と抱いていた思い、不安、頼りなさ、憎しみ、怒りについて、親業で学んだ事と照らし合わせてみると、地に足がついたような心情になれました。確かなものに巡り会えたという思いでしょうか。

私の親は「一二の障害」で、私達兄妹を育てたこと、価値観や意見の対立を解くのにも使っていたことに気がつきました。多くを「一二の障害」で育てられた私は、原因はそれだけではないかもしれませんが、いつの頃からか自己肯定感のもてない、不安で他人の目や評価が気になる、意地っ張りで、かたくなな人間になっていきました。親子の関係のところでは、感じない、考えない、思わない、望まない、心にふたをする等、無意識、意識的にしてきたように思います。

「いやだ」「こんな親になんかなるもんか」と思いつつも、大きなトラブルやアクシデントに会うと、また私と子との関係を築いていくときに、親が私を育てたと同じようにしていました。今は「そうだった」と、はっきり認識できます。当時それに気がついたときには、ショックで愕然とした思いになったと記憶しています。……

パート二の受講は私の親との関係も見つめ直させてくれました。自己肯定できなかったこと、心を閉ざしたこと、キズばかりを出していたこと、その原因や理由が解り整理することができました。特に母への思いは、昨年一一月に他界しているにもかかわらず、恨みや憎しみに近い感情を持ち続けていること、可哀想にとか悲しいという感情が湧いてこないことに、苦しさや抱えきれない感情を持て余していたところがありました。それが何時のことだったでしょうか。パートニも後半に入ってきた頃の受講した帰り道、突然「母のことはもう良いや」「恨むのはもう止めよう」「恨むことは卒業しよう」「恨むことは疲れる」と思ったのです。そして同時に〝恨む〟ということは、凄いエネルギーがいることなんだ、もうこんなことにエネルギーを使うのは止めよう、私が私の人生を楽しむ豊かにするために使おうと、本当に素直に思えたのです。……そして、その瞬間に肩から力がスーッと抜けていく感覚を体験し、心が軽く、楽しくなりました。こんな体験をしたのは初めてです。……

そして、自己肯定できなかったことについても、肯定しても良いかな、ありのままの私を受け入れても良いかなと思えるようになりました。……

学び、実践し続けていけば、いつの日にか成長できると自己の可能性に期待しています。

親業の講座は決して、カウンセリングではありませんし、親業訓練インストラクターは、カウンセラーではありません。しかし、場合によっては、この方のように、親業の講座がまさに、自分自身に対して、カウンセリング的な役割を果たす、ということもありえるのです。

第三節　子どもから見た「親業を学ぶ親」

今まで親業を学ぶ親側の立場から、親業を紹介してきました。しかし、親が親業を学び、子どもへの対応を変化させたことを、つまり、親側の変化を子ども側はどのように受けとめ、感じているのでしょうか。

無論、親は必ずしも、親業を学んでいることを声高に子どもに宣言しているとは限りません。密かに学んで「変身」を志す方もあるでしょうし、子どもがもの心つく前から学んでいる場合には、親ってそういうものだ、と子どもは思い込んですごしていることでしょう。

そんな親子関係もいいと思いますが、ここでは、親が親業を学んでいることを知っているお子さんたちに、親業を学ぶ親のことを、「子どもの目を通して」「子ども自身」に語っていただきましょう。

(1)　親業を習っているお母さん（山田順一〈小五〉機関紙「おやぎょう」）

「子どもの作文」原文のまま

ぼくは友だちのお母さんと話をしました。所が話を聞いてくれませんでした。「ぼくのお母さんとちがう」と思いました。僕のお母さんは、ぼくが一年生の時に親業を始めました。ぼくは、親業を習っているお母さんと習っていないお母さんは全然ちがうという事が分かりました。

話の聞き方や、おこったりするしないとかいろいろ変化がありました。ぼくのお母さんが親業を始める前は、ぼくは人をいじめたり、なぐったりしていたけれど、今は心が開いて来た感じがして友だちとなかよくできるようになりました。あとお母さんが親業を始める前は、ぼくはおこられてばかりでした。だけどおこられるとまたわるい事をしたくなりました。そしてまたおこられました。一年生になって親業を始めたお母さんに変化がおこってきました。全然おこらなくなりました。ふつうに言ってもらえたら、わるい事をする気持ちがなくなってしまいました。何か自分が好きになりました。人の事も好きになりました。

今、日本の九〇パーセント以上が親業を習っていないふつうのお母さんだと思います。ふつうのお母さんは、「子どもは親にさからっていはいけない」「大人は子どもよりえらい」「大人の言う事は、なぐってでも子どもに聞かせる」と思っているとぼくは感じます。ぼくのお母さんは、「子どもと大人は同じ。大人のいやな事は子どももいやだ。子どもを大人と区別するのはよくない。ちがうのは立場だけ!!」といっています。ぼくもそう思います。今の日本は子どもには住みやすくないように感じます。もう少し楽しい日本にしてほしいと願っています。

ゴールデンウィーク、奈良県東大寺の二月堂に行ってかいだんをおりていました。小さな子どもが、かいだんのところではしゃいでいました。そうしたら親が大きな声で「ふざけてんじゃねぇ」とどなりました。その子は心がキズついたと思います。いたずらはやめないので何度もおこっていました。ぼくは「親業をならっていたらいいのになぁ」と思いました。ぼくは他の親と学校の先生にも親業をしてほしいと願っています。そしてぼくも大きくなったら親業をします。

これは、小学校五年生の山田順一君の作文です。お母さんは会社の経営をしながら、親業の勉強会を開いている方です。

生まれた時から癇の虫が強く、育てにくかった順一君は友達ともすぐ喧嘩になります。順一君が小学校一年生の時、自己実現のための人間関係講座を受講したお母さんはこんなふうに感想を述べておられます。

「第一日目、わたしはショックを受けました。しつけと思ってやってきたことが、実はわたしの見栄を守るためのものであり、目が子どもの内面に少しも向けられていなかったと気づいたからです」

それからのお母さんの対応は変わりました。息子が友達を押し倒して泣かせた時、講座を思い出してこういったのです。「順一は訳もなく暴れたりしないよね。何か嫌なことがあったのね」

「その瞬間から、二人の〝心の架け橋作り〟が始まったように思います」とお母さん。「講座を受ける前は苦しくてつらかった子育てが、今は一番の喜びに変わっています」とおっしゃって、一人息子の順一君の「お母さん、みんなに親業を教えてあげて」との応援と、信頼できる友人に支えられて、親業を紹介する活動を続けておられるのです。

(2) 親子の会話から（森下加代子上級欠席論文）

これは、ある日の母親と小学生の娘との会話です。

娘　○○さんがねえ、今日、お母さんのことをきらいになったんだって。

母　○○さん、お母さんのことをきらいになっちゃったんだ。

娘　うん、そうなの。いつもおこってばかりいてね、今日は朝、◯◯さんをさそいに来たお友達のことまでおこったんだって。だから、ひどいと思ってきらいになったんだって。

母　へえ、お友達のことまでおこったんだ。◯◯さん、お母さんのこと、ひどいと思ったんだね。

娘　うーん。◯◯さんのお母さんも、親業、ならえばいいのに……。

母　ほんとねえ。

娘　よかったあ。わたしのママがやさしくなって。

母　ママが親業を勉強してるから、やさしくなったと思うんだ。

娘　うん。私ね、お友達に、「私のお母さんは、やさしくなるお勉強をしてるのよ」っていったんだ。そしたら、「じゃあ、里佳（娘の名）ちゃんのお母さんはおこらないで、注意だけするの？」っていうから、私、「そうだよ」っていっちゃった。

といって、すごく幸せそうな顔をしていました。

多くの言葉を費やすよりも、この親子の会話は、親業を学ぶことが親にとっても、子にとっても、どういう意味をもつかを雄弁に物語っている、と思います。

このお母さんは、この章の「(2)　親としての軸が定まる」にご登場いただいた森下さんです。親業を学ぶ前には、「しかられる時のつらい気持ちがわかるのに、娘をしかるのをやめることができない。娘を愛したいのに、愛することができない。やさしくしたいのに、やさしくする方法がわからない。苛立ちはつのるばかり」と嘆かれていた方なのです。

森下さんは、

私が親業を学ぼうとする意欲をかきたてることは、二人の子どもが、私が親業を勉強していることを、心から喜んでくれるからです。

と前置きして、この会話をご紹介下さいました。

そして、

私は、今こうして、子どものもつ、やさしい心や、すばらしい感性に気づくことができ、本当に幸せです。毎日、子どものいいところをたくさん発見したいと思います。

と語っています。

こうした母子の変化に父も気付かないはずはありません。

もうひとつ、うれしいことに、主人が、私と子どもたちの変化に気付いてくれて、

親業に興味をもってくれたのです。

「どういうふうに聞けばいいの？」と、わたしに聞きながら、子どもの話に耳をかたむけ、気持ちをくもうとしてくれます。

森下さんのご家庭では、今、母子の間だけでなく、家族全体に心の架け橋がかかろうとしています。

(3) インストラクターの母親の講座を受講して

親業が日本に入って四半世紀、親世代で講座に参加された方が、子世代にも是非と勧めて、親子二代にわたって講座を受講された例もたくさん出てきています。機関紙「おやぎょう」に掲載された「親業二世代」特集はそういう親業二世の感想を掲載したものです。その中から、田川晶子さん（二二歳）の寄稿文の一部をご紹介しましょう。

田川さん（二二歳）

「・お母さんが受講されたのはいつ

私が小学年生の時だそうですが、当時のことはよく覚えていません。母が親業に関わっているとはっきり知ったのは、小学校後半くらいです。私の家族（父・母・兄・私）は昔からけんかやもめごとは少なく、比較的会話の多い家族だと思います。仲のよいことがあたりまえのように育ってきたので、私はその環境に特に何も感じていませんでしたが、最近のニュースや周りの人の話を聞くと、私の家族はとてもいい関係が保たれているなあと思うようになりました。それが直接、母が学んだ親業の影響だったのかはわかりませんが、今思うと、もしかしたらそのせいもあったのかな……と思います。

・あなた自身への影響は

新しいことに挑戦するのを恐がらない――そう思います。好奇心旺盛な私にとって、新しいことにチャレンジすることは楽しいことです。専門学校のデザイン科に通っているのですが、私がやっていきたいことはモノをデザインし創造していくことです。私は常に、自分のやりたいこと、好きなことを明確に持ち、それを実行する努力と向上心を持っていたい、と思っています。これは母の影響だと思います。母が親業を初めて受講した時も多分そうだと思うんですが、自分の興味のあることに努力を惜しまず、現状に満足することなく、母こそ、常に向上心を持っている人です。私は同じ女性として、母の生き方は素敵だと思います」

無論田川さんの「新しいことに挑戦するのを恐がらない」性質はお母さん譲りの部分もともとあるでしょう。しかし、親業で、あるがままを受容して育てられたからこそ、自己肯定感とチャレンジ精神をもてるのだと思います。

ゴードン博士は、親業の家庭で育てられた「新種」の子どもとしての性質を次のように挙げています。(3)

親業の家庭で育てられた「新種」の子どもや若者のビジョンについても、もっと自信を持って伝えていけるはずです。私はこれまでに、数多くのこのような子どもたちに会っていますが、彼らは本当に、驚くほど「違いのある」子どもたちでした。簡単に形容することは難しいのですが、次のような性質が見られます。

・協力的である（卑屈ではない・従順ではない）
・思いやりがある（自己中心的ではない・軽率ではない）
・主張する（攻撃的になったり、苛立ったりしない）
・自信がある（恐れたり心配したりしない）

・自己管理する（依存や奮闘を必要としない）
・率直である（嘘をつかない・屈折していない）
・頼りになる（頼りなかったり責任感がなかったりしない）
・自発的である（抑制されたりコントロールされたりしない）
・自然である（装ったり演技したりしない）
優しい（暴力的でない・攻撃的でない）
・自尊心がある（下品でない・控えめでない）
・愛情深い（冷たかったり、よそよそしかったり、気持ちを隠したりしない）
・慈善的である（無慈悲でない・無感情でない）
ほかにも彼らは形容詞一語では表せない、次のような性質を持っています。これらもまた、私の出会った親業の子どもに共通しています
・自分の欲求が満たされることを確かめるが、それが相手にとって好ましくない影響があるかどうか、気にかける
・周囲で起こっているあらゆる形の不正に対して、とても敏感である
・自分が家庭で扱われているように友人を扱う。聞き上手で、よき相談相手、よき対立者、よき問題解決者である

・年齢の割りに分別があるが、じつに子どもらしく、楽しく、愛らしく、遊び心がある
・自分の欲求が満たされることを望んでいるが、自己中心的ではなく利他的で、慈善的である
・他人を必要とすることが少ない（依存的でない）が、親友をもっている。友人をつくりやすい
・笑われることや、他人に何といわれるかといったことを恐れない。他人にすぐに従うようなことはなく、より個人的である
・自分の体験や感情、考え方についてオープンである
・未知のものに対して比較的大胆で、既知のものにしがみつくということがない
・高度な自己受容。そのままの自分を受け入れるが、変化や自己の向上にも柔軟に対応する

「親業による民主的な家族が『新種』の若者をつくりだしている」と言われたとき、それを誇張だとは、まったく思いません。

田川さんもまた、この新種の子どもの一人といえるのかもしれません。

第四節　自分業としての親業

よく「親業は自分業」といわれます。親業を勉強することによって、私たちは、相手の行動を受容できるのか、非受容なのか、自分の気持ちを行動の四角形を使って整理することを学びます。わたしメッセージを作る中でどんな感情を自分がもっているか、気づきます。第三法を使うことで、自分の欲求は何なのかわかってきます。その他にも、能動的な聞き方をし、価値観の対立を解き、いろいろな親業の手法を駆使する中で、自分自身の気持ちと向き合い、自分自身をみつめることが否応なしに起こってきます。

そうした経験を積むことは、内面的には自分自身の生き方を見直すことにつながります。

また、外面的には、自分の欲求を知り、それを家族にしっかり伝えて、新たな挑戦を始めたりすることも起こってきます。たくさんの親業仲間が親業を学んだことをきっかけとして、大学に入りなおしたり、大学院に進んだり、介護士の資格をとって新たな仕事を始めたり、いろいろな分野でいろいろな活躍をしています。いわば、自分が主役となって、積極的に自分の人生を生きている、そんな方々をご紹介します。

(1) 親業で自分の育て直しを（徳永万里　機関紙「おやぎょう」）

親業訓練インストラクターになる、ということが、自己実現の選択の一つである場合も多いのです。

親業のインストラクターになる動機、理由は人によって様々ですが、ここでは、自己実現のひとつのあり方として、親業訓練インストラクターの道を選んだ方をご紹介しましょう。

親業を知るまでの私は、親業とは全く反対の子育てをしてきました。自分の価値観は正しいので子どもは自分の手足のように、私の思い通りにしようとしていました。親の権力フル活用、子どもの感情おかまいなしの、私のための子育てでした。又、我が家は夫の両親との同居で、大人四人、子ども二人の六人家族です。些細なことでも大人四人の思いは錯綜し、私のストレスは積もる一方でした。そんなひずみは子どもたちに出ていました。なんとか改善しようと友達に相談し、講演会へも出かけました。どれも、話の内容は納得するものでしたが、私の問題の解決策にはなりませんでした。そんな暗中模索の中で出会ったのが親業でした。新しい考えに戸惑いの連続でした。自分の感じ方や考え方をつきつめてゆくと、両親や祖父母の価値観や人生観、そのように生きざるを得なかった時代背景や生活環境も考えることになりました。常識と思っていたことが、エゴであることに気づき、自己否定の連続になりました。でも、私が変わることから始めなくては何も変化しないことに気づき、自分自身の育て直しが始まりました。

自分再教育は辛い作業でした。それでも踏み出す勇気を持てたのは、親業が、人間関係をより良いものにするための手段であるだけでなく、子育て更には自分育てにとっても、有効なものであることを知ったからです。そしてもう一つは、インストラクターが受講生の話を能動的に聞いて、暖かく見守って下さるような講座を作って下さったから続けることができるのです。

親業と出会って二年、問題は生じてきますが、家庭の雰囲気がなごやかになり、私の孤立感はいつの間にか減ってきました。家族だけでなく、友人や幼稚園の先生までもが私の変化をことばで伝えてくれます。うれしいことです。親業が親子関係だけでなく、どこでも、誰にでも応用できる方法だからでしょう。

このように、マイナスからスタートした私ですが、少しずつでも変わることが出来ました。暗中模索して悩んでいる方の辛さに、多少なりとも共感できます。今度は、そういう方に親業に出会うチャンスを私の手で作ってみたいのです。私の経験がその方の踏み出す励みになれば幸いです。これは、私が変わり、家族が変わることができた感謝の気持ちの具現化の一つなのです。……

最近、私と子どものかかわり方を真似して下さったり、どうしたらいいのかを質問されることがあります。能動的に聞くと、その問題解決の手助けにはなりますが、理論までは説明できないので、その場しのぎとなり、その方が他の場面で親業の対応の仕方を応用することは難しいのです。親業をもっと教えて欲しいと頼まれても、私にはできません。自分の限界に歯がゆさを覚えました。それならば、私がインストラクターになって、より正確に深く学ぶことで、周囲の人に効果的に伝えることができるのでは、と思い始めました。又、幸いにも、講座開催の場所を提供して下さると応援して下さる方もいます。まだまだ未熟な自分は承知していますが、「やってみようかな」が「やりたい」に変わりました。

第一法でも第二法でも、親業なしで生きてゆくことはできます。でも、それでは私が人間として成長する余地はないのです。もう、戻りたくないのです。私は、一生自分育てを続け、よりよい自分・より好きな自分になっていきたいのです。

今、この「私のインストラクター志望の動機」を書かれた徳永さんは、現在、講座を主催したり、招かれて講演会の講師を務めたりして、親業訓練インストラクターとして活動する一方、それをきっかけに、地域のスクールアドバイザーとしても、活躍していらっしゃいます。

(2) 人間回復宣言としての親業（酒井智子上級講座欠席論文）

こういった「外的」な変化を生むことだけが、親業を学ぶことによる変化ではありません。

日常生活の中にさりげなく親業が生かされ、そして、そのことが自分らしさを取り戻すことにつながる場合もたくさんあります。

三人のお子さんを持ち、お舅さんとも同居している酒井さんは、上級講座での学びとして四つの収穫があった、と書いています。

一番の収穫は、素直に感情を表現できるようになったことです。その結果、次のいくつかの嬉しいことが起こりました。

その一

長女（小一）に肯定のメッセージを送れるようになった。

毎朝娘が家を出る時抱きしめて「智子ちゃんが自分でおきてくれて、お母さん、とても気分がいいわ」などと抵抗なくいえるようになったことは我ながらすごい進歩だと思います。というのも、下の二人の弟達と比べ、長女とはなぜかしっくりいかず、どうにかしなければと思いつつ、長女を受け入れられない自分にイライラしていたからです。現在、長女はうれしそうな顔をして登校していきます。それを見て私まで一日が気分よく始まるようになりました。

また、わたしが肯定のメッセージを出すことによって、三人の子どもが同じように嬉しい、楽しい、という表現をしてくれるようになりました。「お母さんの作ったおかずはおいしいから、わたし嬉しいな」とか「お母さんに抱っこしてもらうと、僕、気持ちいいな」などです。

「素直に感情を表現できる」ということは、ありのままの自分を大事に出来る、ということでしょう。ありのままの自分を大事にすることができて、初めて、他の人を大事にすることができるのではないでしょうか？

酒井智子さんは、まず率直な自分を表現することで、子どもたちによきモデルを示しています。お母さんから率直な肯定のメッセージをもらった子どもたちは、自分達も肯定のメッセージを出すことができるようになったのです。親から学びとったものが否定の表現ばかりならば、子どもも否定の表現ばかりが身につくことでしょう。しかし、親からよきモデルを示してもらえれば、子どももまた、それを身につけていくことが可能になるのです。

その二

（非受容な場面でも）わたしメッセージがスムーズに出せるようになった。

依然は、ダラダラと食事している子どもに「早く食べなさい」「いつまで食べるの！」と怒鳴っていたのに、今では「ミカ（子どもの名前）がご飯を食べ終わらないと、お母さんは後片付けができなくてイライラするわ」という具合です。近藤先生が「自分の感情を殺して冷静にいう必要はない」とおっしゃったので、気分の悪い時は、もう、すごい剣幕でわたしメッセージを出します。どんなにイライラしていても、わたしメッセージを二つくらい続けて出すと、自分の気持ちがすっきりして冷静になれるのですね。そして、子どもの気持ちを能動的に聞けるのですね。とても不思議で嬉しい発見でした。

わたしメッセージは相手を操作するものではありません。非受容な自分の気持ちを率直に述べるだけのものです。無論、その率直なメッセージに心動かされて相手が変わる可能性は大きいといえるでしょう。しかし、酒井さんが述べているように、大事なのは相手を非難しないで、しかも、自分の気持ちは率直に思いの強さだけ表現することなのです。不快感を自分の中に溜め込まないことで、自分がスッキリする、スッキリすると相手をより多く受容できるようになる、そんな心のメカニズムが人間関係の改善につながっていくのです。

その三

夫との関係をよくしたい、がかないつつあること。

一般講座の先生から夫に対しても能動的な聞き方をするようにと助言をいただきながら、なぜか夫に対してはできませんでした。（上級講座の）三日目に「自分の感情を素直にいわず、いやみの言葉を返すか、黙ってしまっていた私の側に原因がある」と気づいたのです。その夜思い切って自分の気持ちを言い、気分のよい会話が続いた時の嬉しかったこと。会話の途中で能動的な聞き方も気負わずできたときの驚き。……

私たち夫婦の会話は、いやみの応酬だったような気がします。そして、夫は私を理解してくれないと不満たらたらの毎日でした。親業に関しても「そんなことより〝妻業〟をやれ」といやみをいっていたのですよ。そんな夫がこの論文を書くにあたって時間的に協力してくれるようになったことは、私にとってこの上ない喜びであります。

長女に出せるようになった肯定のわたしメッセージを今夫に送る努力をしています。私にも（夫から肯定の）嬉しいメッセージが届くのも間近ではと、ウフフの毎日です。

身近だからこそ難しい配偶者やパートナーとの関係、相手の欠点ばかりが目につきやすい関係でもあります。しかし、まず自分が変わることから始めなければ、何も始まらないのではないでしょうか？一般にもそういわれ、そうすることが必要と思っていても、それでは何をどう変えればいいのか、抽象的でわからないことが多いのも事実だと思います。親業にはその具体的な方法があります。具体的なスキルがあればこそ、実行もまた可能なのです。そして、自分が変わることが出来れば、おのずと相手との関係も変化してくるのです。

その四

同居の舅との会話が自然にできるようになった。

これは、意外なおまけ。今以上によくはならないだろうと全く期待していなかっただけに驚いています。講座の期間中「遅くなってすみません」ではなく、「行かせてもらってありがとう」と心からいえました。

今までは長男の嫁である私がこんなことをいってはいけない、してはいけないと勝手に思い込み、勝手に遠慮していたのですね。食事に関していえば、私がどんなに疲れていようと食事は作らなくてはいけない、と思い込み、いやいやしていたのが態度にも出ていたのでしょう。

今では「こういう理由で作れないから外食にしましょう」と遠慮なくいえますし、「私の都合で外食にしてもらってありがとう」と素直に感謝できるようになりました。

役割意識に縛られがちな義理の関係、どうしても、本音より建前が優先してしまいがちです。しかし、ここでも親業が生かされることによって、率直で温かい人間関係が生まれてきています。

酒井さんは、一番の収穫として、これらの変化をあげた後、親業を学んだことの第二の収穫として、自分に自信がもてるようになったこと、第三の収穫として、自分の心を傷つけた相手でも受容することができたこと、第四の収穫として、人前であまりあがらずに自分の意見を言えるようになったこと、をあげています。

コミュニケーションの質が変わることが、家族間の人間関係に具体的な変化をもたらし、そのことが酒井さんの自信につながっていきました。そして、酒井さんが挙げた、これらの収穫が示すように、自分自身と対人関係全般の変化が生み出されていったのです。

上級講座はわたしを随分成長させてくれました。子どもを変えるより、まず自分を変えること、自分で自分を受容することを気づかせてくれた親業。受容されることの喜びを味わわせてくれた親業。私にとって親業とは、まさに私の人間回復宣言。

酒井さん自身の生活が大きく変わったわけではありません。酒井さんのご家庭で目に見える大きな変化があったわけではありません。傍目からみては、前と変わらない平穏な日常があるだけです。けれども、酒井さん自身にとっては、親業を学んだことが、「人間回復宣言」とよべるほどの人生の大きな転機となっています。これから先の人生、親業を知って過ごすことは、知らずに過ごす場合と、大きな違いになるはずです。そしてまた、このご家族にとっても、酒井さんが親業を学んだことが、大きな変化を生んでいます。そして、こうした変化は大なり小なり、親業を学ばれたすべてのご家庭で起こりうる変化といえるでしょう。

(3) これからの人生のために（佐藤みち　機関紙「おやぎょう」）

親業に出会う時期は、当然、人によって異なります。

子どもが何歳までなら親業は間に合うのか、という質問を受けることもよくあるし、年配の方からは、よさそうなものだと思うけれど、子育ての大変な時期は通り越してしまったから、もう手遅れだわ、という声も聞かれます。

無論、学ぶ年齢が若ければ、それだけ身につくのも早いし、子どもが小さければ、使うチャンスも多いのは確かです。

しかし、人と関わる、ということに、卒業はありません。成人した子どもとも大人同士としての付き合いは一生続くし、その伴侶がふえることで、むしろ複雑な人間関係と向き合うことにもなるのです。

夫との関係も「こども」という「かすがい」なしに向き合う必要がでてきますし、年取った親の介護、もしくは夫の介護など、新たな課題をつきつけられることも多いのではないでしょうか。そんな時、先が限られた人生だからこそ、自分を大事に、悔いのない形で、精一杯生きたい、と私たちは願うのです。

町に密着した入院設備付診療所医師の家族として、職員に、地域に、親族にかかわって暮らしている佐藤さん（当時六六歳）は、子育て中は家の中の仕事が多く情報が入ってきませんでした。親業の受講は、子育てが終わってからのことです。佐藤さんは、インタビューに答えて、受講してよかったことをこんなふうに、語っています。

親業を知る迄は、日常の生活の中で、常に私が正しく相手に一二の障害のいい方を駆使して、不満を鬱積させていたのでしょう。私が居ない場所で、皆がほっとするだろうと思う時、幼い頃尊敬していた父が外出から帰る自転車の音で私達子ども五人が急にお行儀良くなったことが重なります。受講後、娘が「お母さんに育てられた間、自分をいけない子どもだと思っていた」と話をするようになり「子育てのことをこうして話ができるようになって嬉しい」と私にいってくれました。……そういえば、以前に義弟から、「お義姉さんは言いきり女」といわれました。その義弟が一週間程、我家にいてくれたのですが、素直な気持ちで「私、いいきり女、またしたかね」というと「たまには、いいきってもらえると有難いよ」といってくれました。親業を受けて肩の力が抜けたのでしょうね。一週間程いてもお互いが居心地良く、同敷地内に暮らしている二組の娘の家族も集まってくれて、寝たきりの夫の周りで楽しい時を過ごしました。そして見送りの時に心から「また来てね」といえた。私自身が楽になりました。

そして、これからの人生を考えた時、受講の意味と、今後をこんなふうに語ってくれました。

夫と私、子ども五名、孫一一名。職場と住居が一緒になっています。夫の弟・妹も多く、内孫・外孫と密接にかかわり合っていますので、誰かが耐えぬよう、皆が納得して暮らせるために、親業を実践したいと思います。

今、親業や看護ふれあい学講座に出会って受講できたことは、私のこれからの人生に大きな意味があると考えています。

限りある人生の中で、縁あって知り合った人との間に温かい人間関係を築いていく、これもまた、自分を生かす親業のあり方でしょう。

注

（1）親業訓練講座上級講座は全三三時間。補講がないので、一部欠席した場合には親子に関する論文提出をもって講座修了とみなす。この時の提出された論文を今回、上級欠席論文と称する

（2）一般講座修了者対象の講座。間隔をおいて、復習しながら、親との関係を見直したり、問題なし領域を見直したりする、全一七時間を六ヶ月にわたって行う講座。

（3）「心を伝える二一世紀のコミュニケーション」親業訓練協会発行

第三章
いろいろな場面で生かされる親業

第一節　いろいろな分野で生かされる親業

親業は親と子の関係のみならず、いろいろな分野で、いろいろな人が学び、いろいろな場面で生かしていくことが可能なコミュニケーションの方法です。しかし、その中でも、特に対象を明確にして打ち出している講座があります。それが、医療、介護の場面で生かされる「看護ふれあい学」と教育の場面で活用される「教師学」です。

ここでは、この二つの講座を取り上げて、そこでの事例を中心にご紹介します。それぞれの分野に適した講座の内容があり、取り上げる事例がありますが、基本の理念や方法は親業の講座と共通するものです。

(1)　看護ふれあい学として

「看護ふれあい学」とは、看護と銘うってはありますが、介護する人も含め、看護や介護をする立場の人と、される立場の人が、互いの心を理解し、気持ちの通い合う温かな人間関係を築くことを目的とした講座です。

医療・福祉の分野で、患者・利用者の世話をする立場の人のためのコミュニケーションの講座です。この講座ではコミュニケーション能力を磨き、その能力を証明する「ふれあいコミュニケーションリーダー」という資格を取得できます。

わたし達の心と体は密接に結びついています。薬と思って飲めば、ただの小麦粉もそれなりの効果をあげることもありますし、最新医療の治療も治療する人とされる人との間に信頼関係がなければ、十分な効果を期待できません。

まずは患者や要介護者の生きる意欲や治したい欲求を引き出してこその、看護であり、介護なのです。看護や介護をする者が、コミュニケーション能力を磨くことで、患者や要介護者との間に温かな人間関係を築くことができれば、より効果的な看護や介護を期待できます。

「看護ふれあい学」を学ぶことで、コミュニケーション能力が高まり、それが看護、介護に生かされた例をご紹介していきましょう。

1）家族介護の場面で（矢崎ともみ「看護ふれあい学ニュース」）

子どもに接するのとは違う難しさが親との接し方にはあるように思います。尊敬し、何でもできていた親が心身共に衰えていくのを見るのは、子どもとして情けないものですし、子育てと違って、先の見えない介護も辛いものです。また、介護される者の心境や不安は、まだ元気な介護者にとっては未知の分野なだけに、なかなか共感したり、思いやったりが出来づらい部分もあります。

親の方は、思うように体が動かなくなったり、できていた事が段々できなくなる心細さや病の辛さ、不安などをいっぱい抱えています。そんな時ほど、身内や介護者の一言で傷ついたり、逆に生きる気力を取り戻したり、心は繊細に感じとるのです。

そうした両者が心を通い合わせるためには、まずは家族など介護する人のコミュニケーション能力を磨く必要があります。

「看護ふれあい学」受講生のお一人矢崎ともみさんは、父親の介護の経験をこのように記しています。

私自身も一昨年父が亡くなり、家庭看護の大変さを体験しました。父はパーキンソン病で、個人差はあるが最終的には寝たきりになる病気だと、医師にいわれました。今まで出来ていたことが少しずつ出来なくなっていく、そんな父を見ていることしかできない、つらい看護でした。

父が、手や足の筋力が衰えはじめ、よく転ぶようになって、頭に縫うほどのケガを

した時、

「びっくりしたじゃろ、大変だったね」

と声をかけていました。

箸を落として、悔しそうに
「クソッ」といった時、

「自分の思うようにならなくて、イヤなんじゃねえ」

と気持ちを汲み、父は今どんな気持ちなんだろう、と自分に問いかける日々でした。

そんなことの積み重ねから、こちらが父のありのままを受け入れていくことで、父もありのままの自分を受け入れていけるんだ、と思ったのです。

能動的に聞くことが出来た時、私の心も、父の心もおだやかになっていきました。

……

入院を最後まで拒んだ父でした。

「明日、入院して下さい」

と医師にいわれた次の朝、亡くなりました。自分の家で家族に見守られての旅立ちを強く望んでいたのでしょう。

矢崎さんがお父さんの気持ちを能動的に聞いて、お父さんのありのままを受け入れていくことができたことが、お父さんにとっても、段々自由がきかなくなる自分を受容し、心穏やかに過ごすことができることにつながっていきました。

介護の質は介護者が介護される者の思いをしっかり理解する、すなわち、「解語」能力の高さによって、決まる、といっても過言ではないかもしれません。気持ちを「解語」されてこそ、介護される者にとって満足のいく生活が保障され、また、介護者にとっても悔いのない介護が可能になるのでしょう。

もちろん、介護者が相手のことを思うことを相手にわかるように表現する、すなわち、介護される人が介護者の思いを「解語」できるように、介護者が自己表現の能力をもつことも大切なことです。「解語力」は、表現能力とも結びついています。

2）看護の現場から（関根えみり「看護ふれいあい学ニュース」）

看護の現場は多忙なものです。ともすると、看護者の方は身体面の看護で手一杯になりがちなものですが、患者にとっては、最期に関わる部分であったり、辛い病気の最中であったりするわけですから、元気な時以上に問題をかかえやすく、心細い場面でもあります。

そんな患者に対して、専門家としての看護者が、その専門性を十分発揮するには、まず患者との間に信頼関係が築かれている必要があります。その信頼関係を築くのが、コミュニケーションなのです。コミュニケーション能力を磨くことで、患者への対応が変わり、そこに信頼関係が築かれる時、看護の質が飛躍的に向上します。

患者にとっては、看護の質が変われば、闘病生活の質も全く変わってくるのは当然のことでしょう。

市立病院で看護師を勤める関根えみりさんの体験です。

「私、苦しいんです」とターミナルの呼吸不全のJさん。

「苦しいんですね」と声をかけ、手や背中をさする私。

「もう大丈夫、落ち着いたわ。仕事に戻って」と患者さんのひと言。

後ろ髪を引かれつつも再び忙しい業務に戻る私。

こんな繰り返しが数週間続き、次第に悪化する呼吸苦。「行かないで、傍にいて」と搾り出すような声が続く。

薄目を開けて、人の動きと気配で看護師を確認しては、浅い眠りにつく。はかりしれない孤独と死への恐怖との闘いの中で、ひとときの安らぎを求めておられたのでしょう。

「ひとりは恐いのですね、ここにいますよ」と私。

Jさんが亡くなられ、しばらくしてご主人から「妻は、苦しくて苦しくてたまらないベッドの中から、傍にいてくださった看護師さんに、いつも手を合わせてお礼をいっておりました」と聞かされ、胸がいっぱいになりました。

ターミナルケアでは、薬より技術より、「傍らにいる」ことの方が意味をもつこともあるのでしょう。まさに究極の看護は「思いに寄り添うこと」であり、「解語力」が求められます。

胸椎圧迫骨折で長期安静中のYさん。体圧分散寝具（柔らかいマットレス）を使っていたが、リハビリが進んで必要なくなり、話し合って外しました。

しばらくして、

Yさん　私、硬いベッドじゃ背中や腰が痛くて眠れないんです。（と険しい表情）

私　　背中や腰が痛くて、眠れないのですね。

Ｙさん　はい。あの柔らかいマットレスだったら眠れそうな気がして（少しずつ口調が和らぐ）。
私　この前使っていたマットレスを使いたいと思っているのですね。
Ｙさん　はい（にっこりして）。でも、あれは座りにくいのよね。
私　良い面も不都合な面もあるってことですね。
Ｙさん　そう。（しばらく考えてから）まあもう少し様子を見ましょう。でも、どうしても使いたくなったら使ってもいいですか？
私　はい。用意しておきます。
後日様子を見に行くと、Ｙさん自身で工夫していて、マットレスは必要なくなりました。

受容され、共感されたことが、Ｙさんの気持ちを安定させ、自ら工夫するゆとりと自主性を生んでいます。こうした患者の意欲を引き出してこそ、充分な看護ケアが可能になるのです。

私は昨年三月までは助産婦として、今は内科・小児科病棟の看護師として働いています。臨床に就いて早二〇年。看護技術や理論は習得できても、コミュニケーション能力なくしては、充分な看護ケアは出来ません。親業で効果的なコミュニケーションを身につけることが絶対不可欠だと確信しています。

現場で、日々実践し、体験すればこその、実感のこもった感想です。

3）支援センターのケアマネージャーも（山谷順「看護ふれあい学ニュース」）

ケアマネージャーの仕事は、いろいろな人の話を聞き、調整し、相談にのることです。看護ふれあい学講座の受講は、その資質を高めるのに役立っています。

受講後の会話が、受講前とどれほど異なってくることか、体験からのご報告です。

〈聞くことから始まる〉

私は介護支援専門員（ケアマネージャー）として施設で働いています。

看護ふれあい学講座を施設全体の取り組みとして学んでから二年がたちました。

仕事柄、介護保険のサービスの利用者や家族、そして施設職員の話をきちんと聞かなければなりません。ひとりひとりの方に思いや悩みがあり、言葉や表情、態度にサインとして表れていることに気づくことが多くなりました。

受講前も皆さんの役に立ちたいと思い、毎日対応に心を砕いていました。時にはこれでいいのか迷ったり、家族間の問題・経済的な背景など含めた問題については、対応の難しさを感じることもありました。

〈見えなかったサイン〉

例えば、骨粗しょう症による慢性的な腰痛があるSさん（女性）は、医療依存度が強くデイサービスを利用する度に事務所に来ては、「腰が痛くて動けない」「息子が病院に連れてってくれない」と、同じ不満を何度も訴えていました。

私とSさんの話は以下のようでした。

S　腰が痛くて動けないので「車で病院に連れて行ってくれ」と息子に頼んでも、「週一回いけばたくさんだ」といって、相手にしてくれない。

私　骨粗しょう症で骨も減っているので痛みは我慢するしかないですよ。息子さんは忙しいし、何回も病院に連れてはいけないんでしょう。

S　でも我慢できないの、腰を温めたり、注射を打ってもらえば楽になるのに。

私　何回も注射は打ってもらえませんよ。それに注射の効き目はすぐに切れてしまいますよ。
S　でもねー。診てもらいたいけど…。
私　他にも腰や膝が痛くても我慢している人はたくさんいるんだよ。
S　そうだけれど（と、諦めた口調で苦笑した）。
Sさんを慰めようと対応しているが、昼休み、他の仕事中に何度も訴えに来るのを煩わしく思っていました。

同じ利用者で、膝の痛みを我慢して明るく振る舞っている方もいます。そんな方とSさんをつい比較して、こらえ性がない人と片づけていました。


〈心の声が聞こえる〉

受講後のある日、Sさんが事務所にみえたときサインかもしれないと思い、能動的な聞き方をすると変化が見られました。
S　腰が痛くて、これから近所の人に電話を掛けて明日にでも病院に車で連れて行ってもらおうと思っているの。
私　腰が痛くて大変なんですね。

S　そうそう。病院に行くと腰を温めてくれたり、注射も打つてくれるので、腰の痛みが軽くなるの。

私　病院で治療してもらうと腰が楽になるんですね。

S　そう。でも息子が連れて行ってくれるといいんだけど、役員をやってて頼まれごとが多くて……。

私　息子さんも忙しいのですね。

S　そうなの。だからあんまり頼めない、お願いできるのは近所の人だけなの。

私　腰が痛いので近所の人にお願いしても病院へ行きたいのですね。

S　そう。週一回しか注射は打ってもらえないけど、温めてもらっただけでも楽になるの。

私　少しでも痛みが取れると楽なんですね。

S　そうなの。明日も病院に行って来ます。

と、笑顔で事務所を出ていかれました。能動的な聞き方をすると、私がSさんの気持ちをわかったことを確認するように、「そうそう」とうなづき普段はよく口げんかをしている息子さんのことも、気遣う言葉が聞かれ、それまでと違う面を見せました。以前の非難めいた対応でした苦笑いは、自分の辛さを分かってくれない私に対する、あきらめのサインであることに気づかされました。

〈「考える」をサポート〉

相手の話を聞く対応も能動的な聞き方をすると、話し手は自分の困っている事を話しながら整理できて、スッキリした表情をしています。悩み困っている自分を受けとめてもらえたと感じて、何度も同じことを訴えることが減ってきました。先入観にとらわれないで相手をみることの重要性。訴えのひとつひとつがどんなことであっても、訴えている人にとっては切実な話であることを再認識しました。

〈築けた信頼関係〉

利用者や家族と話をしている時、今では自然に能動的な聞き方をしている自分に気づくことがあります。話を聞くことで、相手が悩みや不満を自分自身の力で乗り越えていく手助けができることを実感しています。私が看護ふれあい学を学んだことで、周りの人同士の心の橋渡しもできるようになりました。

今後もこのことを忘れず、ひとりひとりを大切に、この場所で信頼の根をしっかり張る関係づくりを励みたいと思います。

介護者が介護される者を対等な人間として扱い、受容と共感を持って向き合う時、介護される者の自発性、自主性が発揮されます。いわば、生きる力が触発されるといってもいいかもしれません。

さらに、介護の専門家が学ぶことが、その人と要介護者の関係をよくしていくだけでなく、周りの人同士の関係作りにも一役かうことが起こっています。一人の専門家の学びが、その人を媒介として、多くの方の間に信頼の輪を広げるのに役立っているのです。

(2) 教師学として

「教師学」とは、子どもの生きる力を引き出し、個性をのばす教育、そして生徒との心の絆をつくる教育を目指す、教育に携わる方のための講座です。学校教育に限らず、人に物を教え・伝える立場に立つ人すべてに必要なコミュニケーションの方法が提供されています。

学校教育の現場では、「学級運営」とか、「指導」という言葉が抵抗なく使われています。教師は学級を「動かし、使う」もの、生徒は上から「教え導く」対象、という発想が深く染み付いてしまっているように、現場にいると、思うのです。

しかし、教育の荒廃が叫ばれている昨今、賞罰によらない、信頼と教師自身の人間としての魅力による教育こそ、本当の教育の姿だとも多くの人が語っています。ただその方法は語られていないのです。

生徒を上から押さえつけるのではなく、生徒の主体性を重んじ、生徒の心の声に耳を傾けることができる教師、そして、真摯に生きる一人の人間として自分を語ることのできる教師になる鍵が教師学の講座にあります。

そんな教師を目指して教師学講座を受講された方の声を紹介します。

1) 荒れかけたクラスで（井上輝子「教師学ニュース」）

親業も教師学も、学習は「問題なし領域」でできると考えています。子どもが何か問題を抱えていたら、落ち着いて勉強に身が入るはずがありません。また、教師が問題を抱えていては、授業に集中できるはずはありません。

授業を効果的に進めるためには、まずクラスの子どもたちが自分が受け入れられている、と実感でき、心を開いて、安心してその場にいられることが何より大事でしょう。

子どもと心を通わせることに力を注いで、荒れかけたクラスが崩壊する危機を未然に防いだ教師のご報告です。

以前、六年生を担任したことがありました。荒れているクラスで、子どもたちもなにか暗い感じだし、最初に教室の入ったときもしーんと静まり返って活気を感じませんでした。私のことを『テメエ』と呼んで敵意むき出しで睨みつけるボスの男子がクラスを支配していたんです。

私は、この子ども達と心を通わせるには、とにかく子どもの気持ちを受け止めようと、これしかないという思いで能動的に聞くことに全力を注ぎました。

そうすると、しばらくして、まず女子の様子が変わって来たんです。暗い感じの教室の中で時々私に笑顔を向ける子が出てきたり、男子の中にも一人二人と私に心を開いてくれる子が出てきました。また、ボスの取り巻きの男子の中の一人が、帰りの車の中の私に向かって親しみを込めて手を振ることがあって、あれっ、私にかなと、驚いたことがあります。そして、三学期に入ると、冗談をいえるほどクラスの雰囲気が変わっていたのです。

今から考えれば、その子達は普段から教師に叱られ、おまえ達は悪い子だダメな子だ、という烙印を押され続けてきた子達だったんです。だから教師を信じられない、教師は敵だ、という思いがあったんでしょう。

そして、私が、とにかくこちらの評価や判断抜きで子ども達の気持ちを受け止めようと能動的に聞いたことは彼らにとっては初めての体験だったのでしょうね。

大変な毎日でしたが、教師学を知っていたから持ちこたえられたんだと思います。能動的な聞き方とわたしメッセージを中心とした関わり方で、何とか卒業式までたどり着いたのです。

保護者の方からもいろいろ相談を受けましたが、それにもすべて能動的な聞き方で対応しました。

その卒業式の日、一人の女子が私に花束とカードをプレゼントしてくれたんです。そのカードには、『先生の姿を見て私も先生のような教師になろうと思いました』と書いてあって、とても嬉しかったんです。

荒れていたクラスに向きあって、教師学を支えにクラスの雰囲気を変えていかれたご報告は、教師学のもつ力を実感させてくれます。

2）幼稚園の現場で（本町幼稚園「教師学ニュース」）

これは、幼稚園全体が教師学の精神で園の活動に取り組んだご報告です。

園長先生のイニシアティブのもと、教師学基礎講座保育編（全六時間の基礎講座）を一四名の教諭全員が受講しました。

教師学は無論、一人で受講しても、自分のクラスで、保護者との関係で、同僚との関係で、それなりに効果をあげることができます。

しかし、こんなふうに、職場全体で取り組むことができると、よりいっそう、顕著な効果をあげることが可能になります。それに何といっても、新しい方法を身につけるうえで、仲間がいる、ということは、心強く励みにもなるものです。

幼稚園ぐるみで教師学・親業を学び実践

益子焼きで有名な栃木県益子町にある本町幼稚園では山野次郎園長のイニシアチブで昨年五月から親業・教師学を職員研修のなかに取り入れました。

山野園長が設定した親業講座に教諭が一、二名、毎回参加し、また、夏休みには教師学基礎講座保育編を十四名の教諭全員で受講しました。

まず教師が変わった

教諭全員が受講したことは教諭自身によい効果をもたらしました。

まず、教師学マインドで子どもたちに接しようとする共通の姿勢ができました。そして、ほかの教諭の対応の仕方を見て学べます。分からないことはお互いに話し合うことができます。

自分の対応がたとえまだまずくても他の先生がうまく受けとめてくれるという安心感が持て、自分一人で何とかしなくてはという気負いがなくなり、ゆとりを持って子どもに接するようになりました。

そうすると子どもも変わった

今までなら「静かにして！」と叫んでいたのをぐっとこらえて、

「先生、紙芝居読んでるのに、おしゃべりしていると気が散って読めなくて困るな」

と言うと、子どもたちは初めのうちはキョトンとしていましたが、やがて

「じゃ、静かにするよ」と受け止めてくれるようになりました。

また「先生に言われたから」と課題をやっていた子が、今では

「みんなが困るから」とか
「イヤな気持ちになっちゃうから」
と言うようになりました。

子どもの心を感じ取れた

「早くお家に帰りたい」と泣いている子がいます。そうすると、「先生、○○ちゃんがお家に帰りたいって泣いてるよ」と知らせに来る子もいます。

今までなら、○○ちゃんや知らせに来る子の気持ちなんかとっくに分かっているつもりで、

「お母さん、もうすぐ迎えに来てくれるからね」とか、

「じゃ、あっちに行って遊ぼうか」などと、その子たちに「解決策」ばかり押しつけていました。

でも、「能動的な聞き方」で子どもの気持ちに寄り添ってみようとすると子どもの心の優しさや暖かさに気がつきました。泣いている子の気持ちもスーッと落ち着いていくのが感じ取れました。

三歳の子でも、「さびしいの、それともイライラしてるのかなあ」と聞いていくと

「本当は、今、イヤなんだ」と自分の気持ちをちゃんといいます。改めて、子どもを一人の人間として見つめ直すことができるようになりました。

先生同士や子ども同士でも能動的な聞き方が流行し園の雰囲気が温かくなる

クラスでうまく行かなくて、職員室に入るなり「もう！」とこぼす先生に他の先生が「頭に来ちゃったんだね」と受け止めてくれるようになり、教師間の人間関係が円満になり、職員室の雰囲気が温かくなりました。

また、泣いている子に、他の子が「さびしいんだね、早くお家に帰りたいんだね」と気持ちを汲むようになりクラスの中やバスの中の雰囲気も和やかなものになりました。

山野次郎園長の感想

職員全員で受講することの楽しさ、よさがあると思います。同じものを皆が共通に持ったので、後でお互いに話し合うことができ、よりよい方向に皆で持っていくことができます。

もっとも、導入に当たっては、今までやってきたやり方とは別の新しいものを学ぶわけですから、何らかの混乱が生じることは覚悟していました。

確かに混乱は生じていますが、先生方にもプラスになり、子どもたちにもプラスになり、皆がつながっているという雰囲気ができて、そういったプラスの方向への混乱なので、本当によかったと思っています。

教師学の魅力は、教師もしゃべれることです。聞いてばかりは教師にはやはりつらい。だって教師はしゃべりたくてしようがないのですから。

一年やってみて、教師には教師学がいいと改めて思いました。

3) 養護教諭として（中野悦子「教師学ニュース」）

どこの学校でも、養護教諭の存在は大きいものです。子どもたちが心理的な負担を感じる時、それが身体的なシグナルとして出ることも多いですし、だからこそ、不登校のサインをキャッチしたり、イジメの初期に気がついたり、養護教諭の果たす役割は貴重です。

教科や担任の先生とは違う観点から、子どもの心に寄り添うことができるのも、養護教諭の強みでしょう。私もスクールカウンセラーとしての現場では、養護教諭の先生に助けられてこそ、仕事ができる、と感じています。
しかし、また学校の枠組みの中で、養護教諭の考え方や姿勢が必ずしも他の先生に受け入れられない孤立感を味わいやすい立場にあることも事実ではないでしょうか。
そんな養護教諭にとって、親業は大きな味方になってきています。親業、看護ふれあい学、教師学、いずれの分野にもまたがる仕事であり、どの講座でも、現場に生かせる体験学習ができます。

〈説教より効果的な聞く姿勢〉

ある日、教師が授業に遅れてきたのに謝らないので、教室を出てきてしまった生徒Aとこんなやり取りがありました。

(A) なまら、ムカツクー！
(私) 相当、腹立ってんだね。
(A) 大っ嫌い！自分は授業に遅れても謝りもしないで威張ってる。
(私) 偉そうに見えるんだ。
(A) そう、先生と生徒は別だとか言って話をごまかすし。
(私) 話をそらしたことも許せないんだ。

（A）　おまえらとは違うんやとかいって、オマエ呼ばわり。
（私）　オマエも気分悪いんだ。
（A）　態度が悪いのって直らないのかな。
（私）　直してほしいと思うんだね。
（A）　本人とはしばらくしゃべりたくないし、先生からいっといて。
（私）　私に、もう少し考えようって、いってほしいと思ったんだね。
（A）　今はそれが一番いいわ。

こんな時、以前の私ならば「あなたも悪いところがあったんじゃない？教室から出てきたらあなたも同じじゃない」といっていたと思います。そして、教師として生徒に説教や説得をしたくなる自分がいるために、「困るのはあなたなのよ」「あなたのためにいっているんだから頑張って」とたたみ掛けるように話してしまい、会話の流れを止めてしまっていました。しかし、親業で学んだ『能動的な聞き方』を使い、生徒の言葉をいいかえたり気持ちをくんだりして聞くと、本当の気持ちが出てくるようになりました。いつもせかせかしていて気持ちに余裕がなかったのですが、生徒自身がどうしたいと考えているのか、気持ちが出てくるのを待てるようになったと思います。

〈会話の上達が信頼関係を生む〉

悩みを持つ同僚たちと話す時にも、この『能動的な聞き方』は効果がみられます。相手はいいたいことをいい尽くせるらしくすっきりしてくれます。励ますよりも、相手が自分で気持ちをまとめ、切りかえができていくようです。時間はとられますが、信頼関係が築いていかれる気がします。

教師になるときにも話し方は教わらなかったのですが、親業を学ぶことで、会話の進め方が上手くなったと思います。

第二節　男性の視点から

今、親業訓練協会が主催する講座に、男性の参加者が増えています。妻から勧められて、という方も、子どもへの接し方が変わった妻の様子に触発されて、という方も、仕事がらみで、という方も、参加の動機は様々ですが、男性にとっても、親業の学習の効果は大きいものです。

男性の場合、育てられる過程で、「男だから、泣くものじゃない」とか「いいわけするのは、男らしくない」などと、女性以上に自分の気持ちをありのままに表現することを抑圧されてきた場合も多いように思います。

また、『話を聞かない男、地図を読めない女』（アラン・ピーズ他　著）に象徴されるように、共感して話を聞くことが女性以上に苦手な男性が多いのも、事実のように感じます。

そういう男性たちが親業を学ぶことは、大きな意義があることです。

子育てに、仕事に、夫婦間に親業を生かしている男性たちは、父親の視点、男性の視点、夫の視点から、親業について次のような感想をもっています。

⑴　**父子家庭で**（木村恒彦・亮　機関紙「おやぎょう」）

父子家庭の存在も、最近は何かとクローズアップされていますが、行政の支援も、母子家庭ほど目が向けられていないのが現状です。

しかし、育児の主なる担い手を失った父子家庭には、母子家庭とはまた違った難しさがあると思います。父子家庭になって九年の父と子が、二人の関係について記しています。

「父子家庭になって九年、気づいたら心地よい関係に」（父親　木村恒彦さん）

息予の小学校入学を控えた二月に、妻が他界しました。それまで子育ては全く妻任せだった私が、いきなり、子どもを任され、親としての第一歩を踏み出すことになったのです。

〈子育ての指針を得た〉

私は右も左もわからぬまま、小学校の家庭教育学級に参加し、親業を知りました。「コミュニケーションを阻む一二の障害」、これを使わなければいいのだな。「能動的な開き方」も「わたしメッセージ」も、素晴らしい方法だと理解し、これで大丈夫と思い込みました。でも現実はそう簡単ではありませんでした。長年培われた性分、一二の障害がしっかりと身に付き、飛び交う、更にそれぞれの手法は線でつながってい て、点で理解しただけの私には身に付きませんでした。それでも親子関係に於いて、親業を意識したことは、大きな進歩は望めないにしても、マイナス方向に陥ることは免れました。

更なる親子関係の構築のため、息子が中一の時、親業訓練一般講座を受講。すると手法の意味がよく理解できました。口答え、反抗と捉えていたものは、息子からのサインだった。直球もあれば、変化球もある、サインに敏感になりました。私が聞く耳を持つと、息子が語る。語る楽しさを知った息子は、私の言葉にも耳を傾け、私がイヤだと思う行動は変えようとする。対立しても、話し合いで、思いやりのある納得できる解決策が見つかるのだと確信しました。私は、親として取る道がわかり、子育てに自信が持てるようになりました。

〈信じているから待てる〉

ある日、近所の人から「お宅のお子さんが、不良と付き合っている」と耳打ちされました。きっと本人が話してくれるだろうと思っていたところ、息子が「お父さん、今日ね、B君と遊んだよ」と話しだした。「B君に煙草を勧められたけど、イヤだから断ったら、いいよって言われた」「今日は、一緒に街に行ったよ」と。そして半年ほど経ったころ、「やっぱりヤンキーはカッコワルイね」と、その付き合いは終わりました。息子はB君の行動を見、自分がどうするかは自分で判断しました。同時に息子はB君の良いところもちゃんと理解していたのでしょう。私は息子を信じて待っていて、本当によかったと思いました。

〈父と息子の親子旅〉

今思うと、私は保護するという大義名分のもと、いかに子どもを身勝手に扱っていたことか。親として立派な人間を演じようとして、なんと言行不一致の多かったことか。

親業を学び、私は疲れた自分をそのまま表すことができた。自分の喜怒哀楽を表現することが、実に楽しい。自分でも気づかなかった無意識の感情に触れることもあり、新たな自分を知る喜びがありました。

子育ての一助となればということで受講しましたが、その前に親として私自身の自己研鑽が大切であることを知りました。親業を学んでもすぐに結果が出るわけではない。関係は日常の小さいことの積み重ねで、畳の目のごとくに変化していく。気がついたら、心地よい関係になっていたのです。

私は、親業＝自己実現であると受け止めました。親としての頼りない自分も受け入れ、息子と一人、親子旅を続けたいと考えます。親業がより広まっていくことを願いつつ。

「いつも近くに父がいます」〈息子　亮さん（高一）〉

僕にとって、父と二人だけの生活はごく自然なものです。父は、僕の好きなことを自由にやらせてくれます。やらされるのではなく、僕が自分でできるように父も動いてくれる。僕を信用してくれているんだと感じます。家事も二人で自然にやっています。僕の大切にしていることを認めてくれるので、家事に協力するのは当然のこと、と負担に感じたことはありません。

父とは毎日よく話します。何でも話せるから、たまることはないです。父は、僕のことをよく考えてくれていると思います。僕は自分では、正しい判断ができていると思っています。そして、父はそれを尊重してくれているようです。だから僕のすることに、口を出されることはないです。

今、部活のテニスが楽しくてたまりません。僕が友人関係で大切にしていることは、嘘をつかない、ということ。全部、まるっきり正直に付き合っていかないとやっていけないから、僕の周りはいい人たちばかりです。英語が大好きなので、将来は英語を生かせる仕事をしたい、と考えています。

いつも近くに父がいて、いい見本になっています。父のようにしていれば、周りの人とうまくやれるのかなって、自然と同じようにしている自分に、最近気がつきました。

父と息子との間に信頼関係がしっかり育っているのがうかがえる、感想です。

片親家庭の場合には、間に入ってくれるもう一人の親の存在がないだけに、親子の間に一度誤解や不信が生じてしまうと、修復が難しい部分があります。それだけに互いに率直に語り、信頼しあっていける関係づくりは、多くの片親家庭のモデルとして、貴重なものではないでしょうか。

また思春期の息子にとって、自分のアイデンティティを形成する上で、父親は大切なモデルとなります。お父さんが人として、男として、社会人として、よきモデルを示していることも、息子の成長に何よりの糧になることでしょう。

(2) ビジネスマンが学ぶ（森田茂夫　機関紙「おやぎょう」）

親業はすべての人間関係に通用するものである以上、ビジネスマンにとっても効果的だということは、ある意味で当然のことかもしれません。しかし、今まであまり声高に語られてはこなかったようにも思います。

改めて親業の普遍性を感じさせられる例として、親業を営業に役立てた三十代の男性の感想文をご紹介します。

トゥルルル……「自己啓発の講座を受けるのだけど、一緒に受けてみない？」先輩からの電話。「自己実現のための人間関係講座」の誘いでした。今までそういった事は、会社で行かされる「すぐに役立つ！営業セミナー」みたいなものばかりでした。「親業」と説明されても全く聞いたことがない。少しあやしいかなと思いながらも、自分に役立つかも、と興味が湧き、受講することにしました。

〈上がり症で早口〉

私は営業の仕事をしていますが、上がり症で、これまでは顧客に話す時、緊張して焦ってしまい、早口になっていました。相手につけいる隙を与えないように、一方的に話していたのです。それでも自分ではたくさん話すことが楽しく、自己満足していました。しかし営業はなかなかうまくいかない。一生懸命説明しているのに、わかってもらえない。手応えがありませんでした。

ちょうど、受講している最中に、会社より「営業マン育成セミナー」に参加するよう指示がありました。その中で別会社のパートナーと組み、相手を商談相手と見立て、商談を展開していくというロールプレイング形式のものを行ないました。展開もある程度お互いに打ち合わせるため、初めは、製品の良さを説明すれば、商談はうまくまとまるだろうと考えていました。しかし、実際にはなかなかまとまらない。それは、きっと本物の得意先でもないし、業界、製品のことなど知らない人だからだろう、とパートナーのせいにしていました。

しかし展開の修正をしている時、ちょっと待てよ、せっかく勉強したのだから「能助的な聞き方」を取り入れてみようと思いたち、試してみました。するとそこから、商談の展開がガラリと変わっていきました。ビデオで自分の商談を見ていると、内容も台本を書いたような、それでいて全く自然に進んでいました。

〈営業セミナーで優勝〉

グループディスカッションで、私が、相手の抱えている問題点やビジョンをうまく聞き出せている、そこにうまく提案している、などの感想をいただきました。結局グループでの代表となり、全参加者の前で発表。そして投票で一位となったのです。自己実現講座で学んだ事を実践したら、成果が出る、と気づかされたセミナーでした。

それが自信につながり、社内でもいろいろ実践してみました、営業車の駐車についての「わたしメッセージ」を出したところ、その効果を実感できました。

社内でも意思表示ができるようになりました。今までは、中途入社だし、後輩だし、という意識で遠慮がちになっていました。でもそれは自分を押し殺しているだけで、何の解決にもならない、と気づいたのです。

〈聞くことが真の営業〉

今までの営業は、自分が話の主導権を握り、やみくもに「提案、提案」で終わっていました、今考えると「下手な鉄砲も数打ちゃ当たる営業」でした。しかし相手の話を聞くようにしたら、顧客のニーズがわかり、適確に製品を勧められるようになり、注文が増えたのです。

聞きながら話すと、自分に余裕ができ、上がったり緊張したりせず、自然に話せるようになりました。営業スタイルが、ガラっと変わったことに、自分でも驚いています。

大勢の前で商品の説明をする機会もありますが、以前は自分で何を話しているのかわからなくなるほど、緊張していました。今では全く緊張せず、落ち着いていて、人前で話すのも好きになりました。さらに、今は親業訓練一般講座を受講中です。

親業は男性にこそ必要、特にビジネスマンにはもってこいの内容です。もっと多くの人達が学べる機会が増え、より広げてほしいと思います。

(3)　夫婦のコミュニケーションに変化（的場哲三・雅子　機関紙「おやぎょう」）

親業を学ばれた妻から、夫にも学んでもらいたい、子どもや妻への対応を変えてもらいたい、という訴えがよくあります。

夫婦のコミュニケーションでは一般に、妻側は夫とのコミュニケーション不足に不満を持っているのに、夫側は「以心伝心」、いわなくてもわかるはず、という昔ながらのコミュニケーション方法に頼っていて、あまり問題に感じていない、ということが多いようです。両者のコミュニケーションに対する認識のズレが積もり積もると、極端な場合には、妻から熟年離婚をつきつけられる、という、夫にとっては青天の霹靂ともいうべき事態を招くことすらあるのです。

「夫唱婦随」型の夫婦関係から、対等な友愛的夫婦関係が一般的になってきた今、夫も妻と意見を交換し、相談をし、一緒に考える、という、相互のコミュニケーションを大事にする関係作りが必要になってきています。

しかし、実際に何か問題が起こっていないと、忙しい中、なかなか夫たちは講演会や講座に足を運ぶことができません。男として、妻の言いなりになって講座を受講するのは、プライドが許さない、という考えもあるのかもしれません。

妻が夫に無理強いするのでなく、良きモデルを示す、自分が活動する中で、夫を巻き込んでいく、そんな形で夫が講座受講に至った事例をご紹介します。

「まず効果があったのは夫婦のコミュニケーション」

【夫の立場から】的場哲三さん

親業という言葉を妻から聞いた時、子どもとの間に問題はないから、私には関係ないと思いました。

妻が、親業講演会の準備を引き受け、案内のチラシを作るため、パソコン操作の相談に乗りました。妻は、講演会に人が集まってくれるか、しきりに心配するので、「聴講ぐらいなら僕も参加するから」といったのでした。

講演会は妻の心配をよそに大盛況。私は初めて親業の話を聞き、非常に系統立てて整理された考え方がベースになっているな、と強く感じました。これまで仕事に関連して学習してきた、人材育成プログラム、或いは人権講習会等と、共通点が多く驚きました。

講演に引き続き一般講座を受講。親子関係だけでなく、職場の人間関係や、仕事に生かせるかもしれないと思ったからです。しかし、実際に学んでいくと、最初に効果があったのは、夫婦のコミュニケーションでした。

〈けんか腰にならない〉

妻が先に親業を学び、自己表現するようになって、変化を感じていました。でも、私自身は思っていることを、言葉にできずにいました。そこで私が妻と同様に親業を学ぶと、非常にスムーズに会話ができるようになったのです。どちらかが親業を意識すると、相手は受け入れられていることがわかり、落ち着いて話せるのです。

「お父さんとお母さんの仲がいいと、僕たちも安心するよ」中二、高一、高三の息子たちは、のびのびとし、関係が飛躍的によくなりました。

また仕事の面でも、部下や、顧客との関係がとてもスムーズになりました。

世の男性の多くが、親業を知って、仕事の中で、事務的なコミュニケーションと、本音の気持ちのコミュニケーションが、共存しながら仕事ができる場面を想像するとワクワクします。

【妻の立場から】的場雅子さん

かつて私と夫は率直に話し合えない関係でした。夫は気に入らないことがあると黙り込んでしまうので、どうしてよいかわからずにいました。

夫と子どもの間に割って入ることもしばしばで、それがまた夫には気に入らず、ますますかたくなになっていきました。すると家中の空気が重くなり、子どもたちの機嫌も悪くなっていくのでした。

親業を知ってからの私は、子どもとの関係がとても良くなりました。全てが私自身の問題だった。私にとっての気づきは、とてもとても大きなことでした。子どもに怒りをぶつけて爆発することは、全くなくなりました。そのころ、夫にも子どもへの対応を考えてほしいと思い、講演を聞いてくれるよう頼みましたが、受け入れられず、以後、自分から勧めることはしませんでした。

夫が講座を受けてから、大きな変化がありました。夫も率直に自分の気持ちを表すようになったのです。以前には考えられないことで、やっと夫の気持ちがわかるようになりました。

今ではお互いに率直に自己表現し、ありのままを認められる心地よい関係です。

夫婦の関係改善が、家庭全体の平和につながることを改めて実感させられる受講生からの感想です。

第四章

親業とは何か

親業に対し具体的なイメージが湧いてこられたでしょうか?

それでは、ここで、親業の生い立ちや成長をご紹介していきましょう。

第一節　親業の成立と発展

(1)　アメリカでの誕生

1)　時代背景

親業の基になるPET(Parent Effectiveness Training 親としての役割を効果的に果たすための訓練)は、一九六三年アメリカのカリフォルニアで一七名の親を対象に始まった親教育プログラムです。

一九六〇年代というのは、高度経済成長期といわれ、「資本主義の黄金期」とも言われる時期が始まった頃です。毎年生産性が上がり、賃金が上がる。物質的に豊かな社会が出来上がってくる時期でした。

その一方で、アメリカはベトナム戦争に関わって、ヒッピーやドラッグが問題になり始めた時期でもあります。「古き良き時代」の価値観がゆらぎ、多様な価値観と自由を標榜する若者と、今までの価値観を是とする大人との間に、摩擦が生じ始めてきた、そんな時代です。

2）PETの学問的背景

カウンセリングを少しでもかじったことのある人ならば、カール・ロジャーズの名前を知らない人はいませんね。近代心理療法やカウンセリングに、最も大きな影響を与えた人物の一人です。彼は非医師である心理学者にサイコセラピストとして治療行為を行う道を開きました。また、カウンセリングの科学的な実証研究を可能にした点でも功績は大きい、といえるでしょう。

PETの創始者であるトマス・ゴードンは、このロジャーズ理論の後継者の一人です。

久能　徹・末武　康弘・保坂　亨・諸富　祥彦著『ロジャーズを読む』（岩崎学術出版社刊）には、ロジャーズ理論を発展させた一人として、ゴードンの名前があげられています。その部分を抜粋してみましょう。

次に、ロジャーズ以後の問題を考えてみよう。

ロジャーズによるクライエント中心療法は、その誕生以来めざましい発展をとげ、また数多くの優秀な研究者や実践家を輩出してきた。おもな名前だけあげてみても、カウンセリング心理学の指導者の一人であるパターソン（Patterson, C.）[1]、クライエント中心の遊戯療法家アクスライン（Axline, V）、親業で有名なゴードン、援助のスキルを開発しているカーカフ（Carkhuff, R）[2]、その他間接的な影響としては実存的児童臨床家ムスターカス（Moustakas, C）などがいる。[3]

さらに、『心を伝える二一世紀のコミュニケーション』（親業訓練協会発行）には、トマス・ゴードン著『カール・ロジャーズと八人の弟子たち』の中の自伝的一文がまとめられて、紹介されていますが、その中では、ゴードンとロジャーズの交友の様子がかなり詳しく書かれています。

それによると、ロジャーズがオハイオ州立大学で新進気鋭の若き教師であった時、その学生としてゴードンは彼に出会いました。やがて二人はシカゴ大学で共に教鞭をとるようになり、同僚として、親しい友人として長期間を過ごすことになったのです。

トマス・ゴードンは、カール・ロジャーズの理論を左記のように、ＰＥＴへと発展させた、と述べています。[4]

私（ゴードン）は、個人や組織相手のセラピストになった心理学者のひとりですが、来談者中心療法の原理を他の人間関係にも応用することに興味を抱いていました。この興味からカール・ロジャーズの基礎概念にいくつか新しい要素を加えることになったのは、今では明らかなことです。

私はまず、カールのいくぶん抽象的な概念（内外一致、受容、共感的な理解）を、もっと教えやすく、具体的で使用可能な行動技術に転換しました。そして、それに新しい手順をひとつ追加しました。というのは、セラピストとクライアントの関係とは違って、普通の人同士の関係には常に対立が生じるものだからです。そういうわけで、私は「勝負なし法」と呼ばれている、対立を友好的に解くための六段階の方法をとったのです。最後に、一〇代の子供たちの価値観を変えようと強制することによって、親たちが彼らに「誠にされる」ことのないよう、価値観に対立が起こったときに親が「有能なコンサルタント」になるためのシステムを考案しました。

3）PETの誕生

ＰＥＴの誕生に先立つ一九五〇年代の後半、ＰＥＴ創始者トマス・ゴードンは「問題児」とレッテルを貼られた少年達の面倒をみていました。彼はこれら「問題児」と親とのトラブルは精神病理学上の問題ではなく、普通の人間関係の問題として考えるべきだ、ということに気が付きました。つまり、親子関係は結局のところ、職場での上下関係とほとんど同じであり、人間関係に不可欠なコミュニケーションの技術が親子の間にも必要なのだ、ということに思い至ったのです。

そこで、ゴードンは、自分の開発したリーダーシップ・トレーニングプログラムを改良して親向けの教育的トレーニングプログラムを設計しました。

これが、ＰＥＴです。

4) PETの発展

ＰＥＴは初め、自分の子どもとの間にすでに問題を生じている親を対象としたものでした。

しかし、ゴードン自身は、家族関係でまだ大きな問題を抱えていない親たちのことも考慮して、このプログラムを作成したので、問題が起こるのを予防するための技術や方法を学べる、予防的効果をもつプログラムとしても、やがて認識されるようになっていきました。

それにしたがって、ＰＥＴはカルフォルニアからアメリカ全土、さらには世界各地へと広がっていったのです。一九七〇年にゴードンはそれまでの活動のまとめとしてP.E.T.（Parent effectiveness Training）を題する本を著しました。

その後、ＰＥＴは教師のためのプログラム（ＴＥＴ）、上司・部下の関係に焦点を絞ったリーダー訓練法（ＬＥＴ）、青少年のためのプログラム（ＹＥＴ）等、様々な人間関係講座に発展していくことになりました。

一九九九年度時点で、世界四三カ国に広がっており、その年ゴードン博士は心理学を公共の利益に役立てることに長年の貢献をした人に与えられる、ゴールドメダルという賞を米国心理学財団から受賞しましたが、二〇〇一年八月没しました。

(2) 日本での成立と発展

1) 日本での始まり

日本では、この〝ＰＥＴ〟の本が翻訳され、紹介されたところから親業が始まりました。

翻訳したのは、同時通訳者であった近藤千恵です。彼女は一九七八年日米首脳会談で、福田首相とカーター大統領の通訳を務めたりした通訳者でしたが、子育て充電中にたまたまこの〝ＰＥＴ〟の本の翻訳をしたのです。本に共感を覚えた彼女は夫の米国留学に同行し、日本人として初めて〝PET〟インストラクター資格を取得し、一九七七年に邦訳を出版しました。

その際、〝PET〟を「親業」と翻訳したわけで、「親業」という言葉は近藤千恵の、全くの「造語」です。

一九七七年本が出版されると、大反響を呼び、それに後押しされるようにして、一九八〇年「親業訓練協会」が設立されました。この協会は、「親業訓練講座」のインストラクターを養成し、商標登録された「親業」の名称の下に、定型的なプログラムを全国で提供するための組織として活動を開始したのです。

2）親業訓練協会の発展

その後、「親業」というコミュニケーション教育の意義が広く認められ、「親」以外の人を対象に、コミュニケーションの訓練活動が求められるようになり、協会では、講座の種類をふやして発展してきています。現在では左記、四種類の一般講座が開設されています。そして、それぞれの講座毎に、基礎編や上級編も設定されているのです。

①親業一般講座　　二四時間

②教育現場では『教師学』（TET）　二八時間
③医療・福祉の現場では『看護ふれあい学』　二一時間
④上司と部下など様々な人間関係には『自己実現のための人間関係講座』（ETW）　二一時間

二〇〇五年現在、受講生延べ一二万人、インストラクター六〇〇名余を数えるまでになっています。毎年、約一万人の方が受講していますから、この本が出版されるころには、もっと増えていることでしょう。

また、講座開設の他に、インストラクターの養成、講演会、書籍の出版、三種類の機関紙（おやぎょう、教師学ニュース、看護ふれあい学ニュース）発行など、幅広い活動を行っています。

第二節　親業の特徴

「親業」が日本に導入された当初、日本では、親子関係を特に侵さざるものとして神聖視する傾向が強かったと思います。そんな中で、親も一つの役割として捉え、親子関係を客観的にとらえていこうとする意味合いをこめた「親業」という耳慣れない造語、親子の人間関係について体験学習を通して学ぼう、という意味合いをこめた「訓練」という言葉は、かなり抵抗の強いものだったでしょう。

しかし、二五年を経た今、前述したような社会状況を背景に親教育プログラムや親子のコミュニケーションスキルに対する抵抗はかなり減り、積極的に支持されるようになってきています。

近年になって、親教育プログラムの試みがいくつかでてきているし、コミュニケーションスキルは学ぶもの、という発想も一般的になってきています。

親子でコミュニケーションスキルやソーシャルスキルを磨くための本がたくさん書店に並んでいます。

これからは新しい親教育プログラムや親子のコミュニケーションスキルプログラムも出てくるでしょうし、それぞれのプログラムにはそれぞれ、適した用途があることでしょう。

ただ、親業のもつ創立二五年という年月はこれらのプログラムの中でも突出した歴史を誇るものであり、草分け的存在であることは、客観的にみて否定の余地はありません。

第二章、第三章でご紹介したのは、この歴史があればこそ、の事例の数々です。

親業のプログラムにはいくつかの特徴があります。

(1)　システム化された多様なプログラム

親業の概念を様々な分野の人を対象に展開したプログラムを親業訓練協会が提供していることは、既に述べました。これは対象になる人によって、事例を変えている、というような単純なことではなく、同じ概念の中でどこの部分を強調するか、いわば「切り口」を変えているのです。

親業一般講座はすべての講座の基本です。しかし、親業の手法のすべてが盛り込まれているわけではありません。親子という、いわば特殊な関係に配慮しつつ、基本的スキルを学ぶことになります。

上級講座では一般講座の中で気づいた「自分」を掘り下げるために、エンカウンターの手法なども取り入れて「自己理解を深める」ことができるように、工夫されています。

「教師学」では、現場の先生方に最も必要な「対立を解く方法」に力点があります。「自己実現のための人間関係講座」はもともとは、「女性のための人間関係講座」と称されていました。ゴードン博士のパートナー、リンダ・アダムスによって開発されたプログラムです。自分さえ我慢すれば、といった抑圧的対応ではなく、「自己表現」をしていくことで、自分も大事、あなたも大事にする人間関係作りに力点がおかれています。

また、「看護ふれあい学講座」では、医療現場や介護の現場で、医療従事者や介護者がその専門性を効果的に発揮しつつ、患者や要介護者との間に温かい人間関係を作るコミュニケーションを目指しています。

このように、基本的な概念を底流にして、同一の基本的なスキルを学びつつ、それぞれの対象分野に適したプログラムを発展させているのです。

そのため、ひとつの講座を終了すると、意欲のある受講生は次を学びたくなり、いろいろな講座にふれることで、さらに理解が深まっていくのです。

しかも、各講座に基礎、一般、上級といったコースがあるので、受講生は段階的に学びを深めていくことができます。また、その受講総時間は同じでも、いくつかのパターンが選べる場合も多いのです。例えば、教師学基礎講座は全六時間ですが、六時間を一日で学ぶ方法もあれば、二時間を三回、もしくは三時間を二回に分けるやり方もあり、受講生それぞれが都合のいいパターンを選択することが可能です。（無論講座として成立するには、受講生の人数やインストラクターの確保などが必要ですが）

上級講座も集中型もあれば、分散型（毎週とか、毎月とかに分けて学ぶ）もあり、受講生によって、都合のいいものを選ぶことが可能です。

(2) 自分自身の問題と向き合って、演習できる

おのおのが自分の問題を書き込みながら、講座を進めていくワークブック方式のため、数人が共に学びつつ、自分自身の問題に向き合うことが可能です。自分自身の問題をオープンにして他者と共有することもできるし、自己開示を強制されないから、秘しておくこともできます。

しかし、たいていの場合、社会的枠組みなどにとらわれない自由な雰囲気の中で、自ずと自己開示ができてしまうようです。

(3) ロールプレイを通じて体験学習ができる

親は親をやっていると、その視点でしか、ものを見られなくなります。子ども時代の自分の感覚は置き去りにされてしまうのです。いや、場合によっては、親である今の自分に都合のいい記憶で、物事を判断したり、子どもに自分の経験をおしつけようとしたりしがちです。

親は子ども時代を経てきたからといって、必ずしも子どもの気持ちを理解できるわけではないのです。

しかし、ロールプレイとは不思議なものです。擬似体験ではあるが、理屈でなく体験することで、「子どもはこんなふうにいわれると、こんなふうな気持ちになるんだろうな」という、「子どもの思い」が実感できるのです。

実感として子どもへの理解が進むのです。

さらに、体験学習することで、コミュニケーションスキルの練習ができます。テニスの教科書を読んで、いくら理論を理解しても飛んでくる球を打てるようにはなりません。コミュニケーションも同じです。咄嗟の受け答えには、練習が必要なのです。同じ目的意識で結ばれた仲間の中で安心して、ともかく口に出してみて、失敗し、いいよどみ、待ってもらい、そんな体験を積むことを通して、「使えるコミュニケーション」が自分のものになっていくのです。

(4) 自分の気持ちの整理をしながらどのアプローチを使っていくかという選択ができる

親業の理論で、傑出した部分が実はここにあります。コミュニケーションの基本は「聞くこと」と、「語ること」です。しかし、実際の生活の中で「いつ」聞くのか、「いつ」語るのか、が明確でないと、「聞くことのできる心理状態でないときに無理をして聞く」ことになって、「使ってみたけど、うまくいかなかった」とか、「聞かなければいけないのに、それが出来なくて苦しい」ということになってしまうのです。ありのままの自分を受容しつつ、なおかつ他者との関係を大切にする、これほど整理された理論をわたしは他に知りません。

(5)　すべての人間関係に応用がきく

子どもが何歳から親業が使えますか、とか、子どもが成長してしまってからでは間に合わないのでは、とかいう質問はよくきくところです。実際、他の親教育プログラムをみていると、対象となる子どもの年齢が決まっているものも、いくつかあります。親業の場合、幾種もの講座が示すように、すべての人間関係が対象であり、子どもの年齢が何歳では手遅れということは全くありません。ただ、こどもの年齢が小さければコミュニケーションを使うチャンスは多いし、効果も早い、ということはいえるかもしれません。

また、学ぶ側に関しては、日本語の読み書きができる人であれば、誰もが受講可能です。親業を学んだ親たちの希望でその子供達の小学生に講座をした例もありますし、八〇歳を超える方が受講して、初めて奥様の手料理に肯定のわたしメッセージを送った、との報告もあります。要は、学ぶ意欲があり、向上の気持ちがあれば、十分受講でき、それなりの効果が期待できる、ということです。

ただ、正常な人を対象にしたプログラムであり、自己を見直していく作業が入る以上、(精神疾患の)治療を要する方、もしくは治療中の方には、不向きです。

(6) 「スキル」の学習を学ぶことによって、自分自身の生き方を見直すことが可能

「スキル」の学習といっても、小手先の「HOW TO」ではありません。自分の気持ちを整理する中で、また自己表現していく中で、自分自身は何を大切に思い、何を欲しているのか、が問われてくるのです。「親業」は「自分業」という人が多いのはそのへんのところでしょう。

第二章を読んで下さった方は、そのへんのプロセスをご理解いただけたのではないでしょうか。

(7) 孤立しがちな親同士が本音で語り合う場を提供する

今、行政による子育て支援が叫ばれていますが、逆にいうと、行政が支援しなけれ

ばならないほど、子育てが孤立化している、ということでもあります。たくさんの育児情報に振り回される親も多いし、核家族化の中で、親身に相談する相手に恵まれない親も多くいます。

そんな親たちにとって、講座の場はまさに、悩みをかかえているのが自分だけでないことを確認でき、ご近所や身内などの身近すぎる人間関係でない分、気兼ねなく、本音を語れる場所になっています。また、学歴や自分の年齢、子どもの年齢などの社会的枠組みを取り払って、仲間が作れる貴重な場でもあります。だから、講座終了後も定期的に集まりをもつ自主グループがいくつも出てきているのです。

(8) インストラクターの養成

どのような優れた講座でも、それを取り扱う人によって、生きもすれば死にもするのは当然のことでしょう。親業は、インストラクター養成の厳しさでも群をぬいている、と思われます。

いくつかの講座受講の基礎資格に加えて、論文、面接をクリアした者に、養成講座受講の資格が与えられます。

そして、理論は無論のこと、声の出し方から、立ち方、目線の配り方まで厳しく指導された養成講座の後、インストラクターが誕生することになります。しかし、更新条件も厳しいため、インストラクターに新たになる人も多いが、資格を失う人も多いのが現状です。

厳しい条件をクリアしたインストラクターが常時約六〇〇名、各県に散らばっているため、どこにいても同レベルの質の高い講座を受講することが可能です。日本国中、北海道から沖縄まで、どこでもキチンと決まったガイドブック、同一のワークブック、教科書を使った、そして、同一料金の講座が提供できる組織は稀有ではないでしょうか。

注

(1) ロジャーズに学び、来談者中心療法の原理を子どもの心理治療に適用して、遊戯療法のひとつの理論的立場を構成した。(『カウンセリング辞典』国分康孝編　誠信書房)

(2) ウィスコンシン大学でロジャーズに師事。カーカフ思考システム研究所を設立。現在アメリカにおいてはエリスについで最も多く学術書に引用される人。(『カウンセリング辞典』国分康

孝編　誠信書房）

（3）『ロジャーズを読む』久能　徹・末武　康弘・保坂　亨・諸富　祥彦著　岩崎学術出版社刊

P．一六四

（4）『心を伝える二一世紀のコミュニケーション』親業訓練協会発行

第五章
親業の今後の展望

第一節　親業の現状と課題

(1) 効果の数量化

親業訓練の効果については、親にも子にも、目覚しい影響を与えていることを、多くの感想文や講座終了時に集めるアンケート、上級欠席論文等からも、十分にうかがい知ることができます。この本の中でも、著しい効果をあげた、いくつもの事例をご紹介してきました。

しかし、それらは個々の体験に基づく真実な声ではあっても、個人的、主観的なものであり、訓練の効果を示すデータとしては、客観性に乏しいということになるのかもしれません。心理学や教育学の専門家、行政の担当者等も含め、未体験の人が親業のよさを認めるためには、やはり、数量化された、厳密、かつ客観的な効果測定の結果を提示していく必要があるでしょう。

今までのところ、親業の効果を数量的に測定したものは、あまり多くはありません。一九八二年に柏木恵子東京女子大教授を主査として心理学的研究調査が行われました(1)が、これが代表的なものといえるでしょう。この調査は、親業訓練講座受講生である母親（三カ所計七五名）とその子ども達（計五〇名）と、統制群として受講生でない一般の母親（七六名）及びその子ども（七六名）に対して行われたものです。いくつかの調査を行った結果、次のようなことが明らかになりました。

まず、講座を受講する親がかかえていた問題が改善されたかどうかを調べたところ、七四％の親が「具体的」な問題が改善された、と回答しています。

また、育児に携わる母親の意識や態度について、「母性意識調査」をしたところ、受講後、多くの親達が育児に対する自信を回復すると同時に、母子一体感を低め、よりいっそうの子離れをし子どもへの過干渉をしなくなることがわかりました。

さらに、子どもが親をどう認知しているかを測定するCCP（Children's Cognition of Parents）調査を行い、その結果を親の子どもに対する態度が、どの程度受容的か、拒否的かという視点からまとめたところ、受講前には、子どもは親が思っているほど好意的に親の態度を受け取ってはいないのに対し、受講後は親子ともに、拒否的傾向の減少、受容的傾向の増大が示されました。これによって、親自身は無論のこと、子どもの目にも親の態度の変化がはっきりととらえられていることが明らかになったのです。

また、自分自身や子ども、他の家族との関係などの変化について、通常の受講後に提出するアンケートの自由記述欄から頻度の高いものをまとめて、質問項目を作成し、この質問に回答してもらったところ、親業訓練は、まず親自身の内面的精神的な安定性、充実感を高め、次いでその内面的な充実感が子どもや他の人への受容的な態度として現れ、これが結果として子どもの行動によい影響を与えていることがわかりました。これらの研究調査についての詳細は「心を伝える二一世紀のコミュニケーション」（親業訓練協会発行）にまとめられています。

教師学の方では、市川千秋氏らの「勝負なし法の効果に関する研究」[2]他、教室での効果を測定したいくつかの論文が発表されています。[3]

また、一番新しいところでは、二〇〇三年六月号の教師学ニュースに掲載された教師学基礎講座保育編の効果測定があげられます。[4] この講座は六時間という短い基礎講座ではありますが、保育士がコミュニケーションを学ぶ研修を受けることで、コミュニケーションのあり方が変化し、保育の質の向上（ありのままの子どもを受け入れようという受容性の増加）と仕事への不安の軽減が認められ、しかもそれが継続した効果をもつことが明らかになっています。

親業の目指すところは、人間関係の改善という、いわば抽象的な部分であり、その効果は無論、精神的、心理的なものも多いので、目に見える数値に置き換えるにはむずかしい部分もあります。しかし、今までの研究結果が示すように、やり方によっては、それなりの数量化が可能であると思っています。

今後は、受講前と受講後の親や子どもの変化、関係性の変化などを、もっと積極的に数量化を試みて、より大規模で、より新鮮なデータを学会等で発表し、アピールしていくことが必要ではないか、と思われます。

(2) 親業の効果とは何か

効果の数量化が課題とは言いながらも、何をもって親業の活動の効果とするか、はまだまだ議論されていかねばならないと考えます。

親業訓練講座の提供している体験によるコミュニケーションスキルの学習内容が受講生である親一人のコミュニケーションパターンをいかに変化し、それがその親子関係にいかに影響を与えているか、というのが当然効果と考えられなければなりません。

関係だけでなく親の側、子どもの側各々の変化についても検討していけるでしょう。

また、現実には、親一人のコミュニケーション能力が変化することで、その家族全体のコミュニケーションのあり方が変化していき、家族としての満足度を高めていきます。この効果を忘れてはなりません。

さらに「親業は自分業」と言われるように、親自身の物の観方が確立していき、生き方の指針が生まれる―端的に言えば親が自立していくことでの、親の落ち着きと自信が深まるまでの子どもに対するゆとり、余裕が、家族間の圧力を減ずる効果は、日常生活を積み重ねていく上では、実は大きな変化を生んでいくに違いありません。小さな積み重ねこそ、親子関係の特徴であり、それが、親子間を壊す方向に積み重ねられるのか、築く方向に積み重ねられるのかは、大きな大きな違いを生んでいきます。講座は八週間で二四時間で終っても、その間に親子関係を壊す方向への積み重ねが、築く方向への積み重ねに転換することは親子関係に決定的な違いを生みます。この決定的な転換は、数量化できない位小さいものであっても、決定的だと言えるのです。まさに「決定的な効果」です。

親業の提供しているプログラムが、コミュニケーションスキルを向上させ、人間関係を変えていくことは、いろいろな形でこれからも、語られていくことでしょう。それは右記の効果の数量化の試みや、受講した個人の事例や感想によっても示されていきます。

親業の効果として付け加えたいのは、その学習形態のもつ効果です。

親が、他の親と出会う場があるということ。そして守秘義務のある安全な場で、親である自分の関心事について安心して語れるということ。そして出会う親は、背景も年齢も様々であるという多様性があること。これらは、失なわれた「親を助ける地域の力」を、新しい形で生んでいると言えるでしょう。

さらに、親の義務として講座に参加するのでなく、自ら求めて参加した人々は、同じことに関心を強くもつ仲間なのです。意欲をもって、子育てにあたろうとする人との出会いの意味もまた大きいでしょう。

このように考えていくと、親業の効果の数量化といっても、親業の活動のもつどの側面を捉えていくのか、をもっと検討していかねばならないと考えます。

特に、問題がおこってからではなく親子間の問題の予防をしているということになると、親業の効果を「客観的に語る」ことが可能なのかという疑問すら生じます。客観的に語れない効果をいかに伝えていくかは常に課題と言えます。

(3)　いろいろな親のための体験学習としての存在価値

親業は今のところ母親の参加が八割を占めています。今後これを父親に広げていくことは、日本の子育てといろいろ観点からもさらに求められるところです。国際的な活躍を日本人がしていくためには、自己表現能力・コミュニケーション能力をもつ人材の育成は国としても大切なことであり、親業はその意味でも大きな力を発揮していくだろうと予測されます。

また、いろいろな事例が集まる中で、子どもの年齢別、父親・母親別、障害児、夫婦、親の介護、といったわかりやすい分野での事例集をつくることで、このコミュニケーション訓練が誰にも有益だということを示していくことが今後も常に課題といえましょう。親業が、あらゆる親にとって有益であり、親としての子への接し方のレパートリーをふやす意味を常に語り続けていくために、このような事例集が説得力をもつことでしょう。

問題がすでにおこってしまった親子関係においても、コミュニケーションの能力向上には貢献でき、問題解決にすら至る例も多くあることから、そのような事例も集めていかれると考えます。

ただ、親業はコミュニケーションの教育・訓練は行うが、決して問題解決を行うための相談活動ではないことを崩してはならないと考えます。

精神科医や児童相談所、あるいは時には警察や、矯正施設といった専門家が関わる分野と、基本的に問題予防をめざす教育訓練の分野との一線はしっかりと画して活動していくスタンスが守られねばなりません。

親業は体験による学習を提供することで充分ユニークな存在であり、貴重と考えます。

(4) 親業訓練のもつ意味の変化

一九九八年に、筑波大学の教育学の学生であった高橋佳織が、『「親業訓練」の広がりとその社会的背景』という論文の中で、親業について次のように記しています。

「親業訓練」受講生にとって、親になることは、「親業訓練」を受講するという学習をしているからこそ、また、子育てについてきちんとした理念と「方法」を身につけるからこそ、人間としての成長でもあり得てくる。この成長は、子育てをするのがほとんどの場合女性であるということから、特に女性にとって生きていくうえで重要な成長であるという考え方の受講生もいた。ここに「親業訓練」を学ぶ意味がある。

このように、女性にとって子育て経験は重要であると考えるからこそ、さらに学習をすすめていきインストラクターになって、他の女性に子育てについて指導する、子育てのリーダーになることには意味があるのである。インストラクターになることで自分の生きがいを得た女性もいる。子育ての経験が、「親業訓練」という学習をして、

「方法」を身につけることで、社会進出を助けたのである。親になることの意味は、自分の子どもを育てることだけではなく、それまで、専業主婦をしていて、インストラクターになった女性には、仕事を得るためのキャリアとなるという意味がある。ここには、子育ての中にリーダーとして生き続けたいと願い、それに生きがいを感じるという女性の生き方がある。

「親業訓練」を受講し、きちんとした理念、「方法」を身につけることによって、子育ての経験を、技術として残して、仕事をえる。ここには、社会的関わりをもたないという、親になることの意味と、子育てをするという、女性の生き方への問いかけがある。この問いかけは、子育てに真剣に取り組んでいる母親の、懸命に規範を守っていこうとする意識と、自分自身の生き方を考える間の無意識の葛藤から生まれたものではないだろうか。

また、子育ての中にリーダーとして生き続けたいという女性の生き方は、都市の高学歴の女性ならではの新しい学問的要素をもった子育て社会を形成し、その社会で、子どもを育てる親を育てていこうという提案ではないだろうか。かつて、子どもは、地域で育てられるといった。これは親が地域で育てられるということも意味していた。地域の教育力の低下ということがいわれるようになって久しいが、地域によって育てられなくなった都市部の親は、自ら、親として育つ社会を求めていたのである。その社会は、世代的にいっても、新しいものでなくてはならないし、高学歴という資質からいっても、学問的要素ももたなくてはならなかったのである。

新しい子育ての提案であるという内容、新しい女性の学習形態の提示というように、「親業訓練」は、それが日本で始まった当時から、まさに、時代が、日本が、女性が求めてきたものなのである。

親業訓練が日本で始まったのが一九八〇年であり、当時金属バット事件に象徴される家庭内暴力が日本社会に大きな衝撃を与えた頃から、日本の青少年をとりかこむ環境はますます難しくなってきています。親であること、親になることについての社会的認識も大きく変化し、出産率の低さも親になること自体への迷いが反映されているように思えます。

ましてや子が生まれ親になってからもすぐには親になりきれない親がふえ、今後もその傾向は大きくなっていくことでしょう。親業という親が集まり研修を受けるこの活動のもつ意味は今後さらに大きくなることが考えられます。親になる人は必らず親業にふれておくことが求められるほどに、「親になることについてあらかじめ学ぶ」

必要が今後はますますあり、それに対する公的な援助なども考えられてしかるべきと思います。都市だけでなく、全国各地にインストラクターが存在し、地域におけるリーダーとして親の教育向上に貢献できるようになっていくことが一つの課題と考えます。

第二節　親業への期待

(1) 虐待防止プログラムとして

今、虐待の問題が大きくとりあげられています。増大する一方の虐待のケースに、行政の対応が追いつかない現状があります。しかも、現在行政ができる「対応」は、虐待の可能性のある親から子どもを引き離したり、親元に戻す判断をしたりするだけのことです。これでは、本当の意味での対応にも、解決にもなっていません。親が、手をあげたり、脅したりして子どもを従わせる方法を子どもへの「躾」と思っている限り、多かれ少なかれ、虐待はなくならないのです。それ以外の、本当に心を通わせる対応の仕方を学んでこそ、虐待からの解放がありえます。

この「心を通わせる対応」の具体的なスキルをもっているのが、親業です。

また、虐待する親の中には、人格的に未成熟な人も多い、といわれます。親業は、親が親であることを通じて、人間的成長を促される、そういうプログラムでもあります。子どもを一人前の人間として、自立させていく過程が、そのまま、親自身が一人の人間として自立していく過程につながることを実感できるプログラムなのです。実際に虐待をしてしまった親の矯正訓練プログラムとして、有効なプログラムといえるでしょう。

虐待の増大は、無論、今まで家庭の問題として取り上げられてこなかったものが、顕在化してきたという部分はあると思います。しかし、やはり、大きな要因として、密室の子育て、孤立化する子育てがあげられるでしょう。

親業の特徴で述べたように、親業の講座は少人数のグループであるので、孤立しがちな親同士が本音を語り合える場を提供してくれます。孤立しがちな親たちが、人脈を広げ、社会参加をしていける活動でもあるのです。虐待の予防プログラムとしても、今後、認知され、活用されることが期待されます。

(2) 教員養成プログラムとして

最近、教員採用試験に、現場を想定した場面指導で受験者を評価する試験方法を導入する自治体が増えている、といいます。筆記や面接などの通常の試験でははかりきれない教師の資質をみよう、というのがその理由です。今までのような知的能力偏重の採用方法では現場に対応しきれないことがわかってきたということでしょう。

実際、教師の仕事は知識をただ押し付けるだけのものではありません。学びが成り立つ人間関係がまず根底になければなりません。

そのためにも、教師学の普及が望まれるところであり、教職課程の一環として、教師学の導入が期待されるところです。すでに亜細亜大学など数校では教職課程に教師学が組み込まれており、このような試みがすべての大学の教職課程でなされるならば、教育現場はずいぶん変わってくることでしょう。

また、すでに教員となっている人たちへの再教育の必要性も認識されてきています。教師はどうしても、視野が狭くなったり、「一国一城の主」意識になって、他からの忠告や意見を受け入れにくい体質が問題視されています。

教員再教育プログラムとしても教師学が認識され、活用されることを願っています。

(3) 看護、介護の現場でコミュニケーション能力向上を示す資格提供を

わが国は諸外国に例を見ない早さで人口の高齢化が進んでおり、二一世紀のなかばには国民の三人に一人が六五歳以上という超高齢社会の到来が予測されています。(5) 親業の「看護ふれあい学」は、こうした高齢化社会において、非常に重要な意味をもってくると考えられます。

「看護ふれあい学」講座では、修了した講座に応じて、五級から一級までの「ふれあいコミュニケーションリーダー」という資格が認定されています。看護、介護の中でのコミュニケーション能力の高さを示す指標となるものですが、この資格が今後、昇進や昇給の際の参考にされるなどの活用が期待されます。

(4) あるゆる人が「自己実現」を

親業訓練協会の提供する講座は、「親」「教師」「看護者・介護者」と、他者を育て、世話をする人のためのコミュニケーションの講座です。他者との関わりについて学びますが、それは結局は自分がどんな存在として生きたいか、「他者との関わりの中の自分」から「自分はどう生きたいか」を受講生にみつめさせることになります。

「自分はどう生きたいか」については、「自己実現のための人間関係講座」が自分を

中心において他者との関係を見直すもので、丁度硬貨の裏表のように、上記三つの講座の参加者にとって大きな意味をもっています。人を育てる人々の個の自立を促す講座のもつ意味は大きいのです。

(5) 新たな「正」の連鎖を求めて

親は、自分が生きてきた年限の長さだけ、残念なコミュニケーションの対応を身につけてしまっていることも多いのです。だからこそ、今までのコミュニケーションを変えるためには、わざわざ知的に親業を学び、意識して使い、努力して身につける必要があります。「こういう親にはなりたくない、しかし、いつのまにか、自分の親そのものの対応を自分も子どもにしてしまっている」という「負の連鎖」を断ち切るためには、それ相応のエネルギーを傾けなければなりません。

第二章でご紹介したように、そうした「負」の連鎖を断ち切るのは容易なことではありません。でも、またなんとかそれを断ち切りたいと望んでいる人たちは大勢いるのです。

親業を学ぶことは、その「負」の連鎖を断ち切る「斧」になるでしょう。誰でもが知的な学習をすることによって、それが可能なのだ、ということは、「負」の連鎖に苦しむ人たちにとって、福音に他なりません。

そして、親が学び、訓練して身につけたものは、子ども世代に「正」の連鎖として、伝えられていくことでしょう。子どもは意識して学ばなくとも、親の対応をモデルとして、自然と身につけていくことが可能なのです。

実際、私の回りでも、そんな子ども世代が育ちつつあります。子どもが生まれたごく初期から親業で子どもを育てている若いインストラクターが何人もいらっしゃるからです。「どうしたらそんないい子が育つの?」と質問される、ということをよく伺います。「いい子」の中身は「親の言うことをよく聞く子」ということより、「自主性」があって、「思いやり」がある子です。

親業が広がる、ということは、そんなお子さんが増えていくということに他なりません。

親子の間に心の架け橋がかかった家庭が増えていって、正の連鎖が着実に伝わることが、これからの二一世紀を明るいものにしていく一つの確実な道なのです。

注

(1)近藤千恵　親業訓練の構造とその効果「児童研究」第六二号一九八三年三月「心を伝える二一世紀のコミュニケーション」親業訓練協会発行
(2)市川千秋・内山亮「勝負なし法の効果に関する研究」Ⅰ　三重大学教育実践紀要第四一巻　一九九〇年二月
市川千秋・内山亮「勝負なし法の効果に関する研究」Ⅱ　三重大学教育実践紀要第一〇号　一九九〇年三月
(3)栗田充治「学びが成り立つ関係づくり」T.A.T。教師学の実践と提言　アジア書房
(4)目良秋子「保育編の効果測定」二〇〇三年三月日本発達心理学会第一四回大会にて一部発表
(5)社会保険庁HPより

おわりに

私たちは、親業をいろいろな角度から見てきました。単なるコミュニケーション技術にとどまらない、親業のあれこれを、です。

親業を知ることによって、多くの人の人生が変わってきたこともみてきましたが、実は、わたしもまた、その一人です。

夫の仕事を手伝うかたわら、細々と発達臨床の仕事を続けてきたわたしにとって、親業は「求めよ、さらば与えられん」そのものでした。

一般講座は隔週土曜日だったので、出席することにあまり大きな支障はありませんでしたが、五日間集中の上級講座に出席することは、わたしにとって、至難のわざと思われました。それまで、高熱を出した時以外、丸一日ごと夫の仕事を休んだことはなかったのです。しかし、夏季休暇と一部重なったことと、わたしメッセージが功を奏して、なんとか出席ができたのでした。

そして、そこで出会った、素敵な仲間と、尊敬するインストラクターの存在はわたしの人生を変えました。親しくなった仲間たちで次々に講座を設定し、受講していったのです。上級講座の受講生には、インストラクター志望の方もいらっしゃいましたが、当時のわたしには、雲の上の存在のように感じられたものです。自分がインストラクターを目指す日がこようとは、そのころには全く考えられないことでした。

でも、そのうち、保健所（現在の保健センター）で、親業を紹介するのに少しでも役立てたいと思って、インストラクターを目指す気持ちになりました。養成講座は八日間という、長い期間にわたります。その間、夫の仕事をぬけることを可能にしてくれたのは、やはりそれまでに親業で培った人間関係とわたしメッセージでした。養成講座の最中、何度も夫から仕事のことで電話に呼び出されながら、それでもなんとか修了にこぎつけることができたのでした。

しかし、わたしは養成講座を「保健所で、親業を紹介するのに役立てる」ために受講したのであって、それ以上のインストラクターとしての活動は考えていませんでした。フルタイムで夫の仕事を手伝い、その合間に保健所の仕事をこなし、育児と家事に追われる毎日の中で、宣伝し、人を集め、講座を開講することは、全く不可能なことと思っていたのです。ところが、講座終了の時、近藤理事長が握手しながら、こう言われたのです。

「講座を開講したら、もっとよくなるわよ」

その一言が、またわたしを突き動かしていきました。

「よし、講座を開講してみよう」

知り合いを集めての、五名の初講座。講座を進めながら、

「わたしのやりたかったことがここにある」

と実感できて、嬉しくて、楽しくて、しかたがなかったのを覚えています。

それから九年、子宮がんを乗り越えて、臨床心理士の資格を得たのも、スクールカウンセラーに応募したのも、親業という武器があればこその挑戦でした。ましてて、このような本を書くという大それた試みができる日がこようとは、思ってもみないことでした。

親業はわたしに、開くはずがないと思い込んでいた重い扉を、いくつもいくつも開いてきてくれたような気がしています。

この本を読まれたあなたにとっても、親業があなたの人生を応援する出会いになり、あなたの人間関係を豊かにし、望んだ生き方を後押しするツールになることを、切に願っています。

この本を締めくくるにあたって、ご協力いただいた皆様にお礼を申し上げたいと思

います。

まず、このような挑戦をするチャンスを与えて下さった理事長には、感謝の言葉もありません。お忙しい中、この本の指針を示し、何度も一緒に資料を探してくださり、いろいろなアドバイスを頂戴しました。試行錯誤のつたない文に何度も目を通しては、貴重なご意見をいただきました。単なる「編」者という言葉には納まりきれない存在でした。

また、事務局長はじめ事務局のスタッフの方々にも、いろいろ便宜を図っていただき、随分お世話をかけました。

夫は、夫のお古のハンディタイプのパソコンしかもたないわたしに、「そんなものではまともな仕事はできない」と、わたし専用に最新型のデスクトップ型パソコンを買ってくれ（子どもたちには「ネコに小判」といわれていますが）、ない空間をやりくりして、わたしの仕事部屋作りに協力してくれました。

そして、この本の中にでてくるたくさんの事例を提供してくださった方々にも心からの御礼と、親業の実践に拍手をお送りいたします。

最後になりましたが、全国で、全世界で、親業のインストラクターとして活動している仲間にも心からの敬意と信頼を送ります。一人ひとりが思いをこめて講座を開き、親業をより多くの方々に伝えているからこそ、この本の中にあるようなよろこびが親子・夫婦・家族・友人の間に生れてきたのです。活動の継続の重みを感じます。

親業の講座はインストラクターと受講生が一緒に作り出すものです。それと同じように、この本も大勢の方の協力で作り出されたものであることを改めて確認して、関わって下さった方々すべてに深く感謝を捧げます。

【編者略歴】

近藤　千恵（こんどう　ちえ）

1945年広島県生まれ。国際基督教大学卒業。専攻は「心理学」。同時通訳者として活躍。その後米国パサデナ市のETI本部でPET（親業訓練）インストラクターの資格を取得。その後、親業訓練協会を設立し、理事長に就任し現時に至る。亜細亜大学講師。

主な著書

『子どもに愛が伝わっていますか』（三笠書房）、『心と心の保育』（ミネルヴァ書房）、『人間関係を育てるものの言い方』（大和書房）、『介護者のための人間関係講座』（あさま童風社）、『理由ある反抗』（総合法令）ほか多数。

【著者略歴】

久保　まゆみ（くぼ　まゆみ）

1949年東京生まれ。早稲田大学心理学修士課程修了。情緒障害児の相談室勤務を経て、現在、産業カウンセラー（初級）、臨床心理士として保健センターの幼児相談、中学校のスクールカウンセラーに携わる。1994年親業訓練インストラクターの資格取得。教師学、看護ふれあい学講座のインストラクターの資格を取得し、講演、執筆などでも幅広く活動。

主な著書

『「大切な人」と本音でつきあってますか』（三笠書房）（共著）、『ほとけの子―親の悩みアラカルト』（宣協社）

親業トレーニング

●———2005年5月20日　初版第1刷発行
2011年7月20日　3版第1刷発行

編　者——近藤千恵
著　者——久保まゆみ
発行者——井田洋二
発行所——株式会社　**駿河台出版社**
〒101-0062 東京都千代田区神田駿河台3－7
電話03(3291)1676番(代)／FAX03(3291)1675番
振替00190-3-56669

製版所——株式会社フォレスト

《21世紀カウンセリング叢書》
［監修］伊藤隆二・橋口英俊・春日喬・小田晋

キャリアカウンセリング
宮城まり子

近年厳しい経済状況に見舞われている個人、企業、組織はキャリアカウンセラーの支援を切実に求めている。本書はキャリア自身の本格的なサポートをするために書き下された。

本体1700円

実存カウンセリング
永田勝太郎

フランクルにより提唱された実存カウンセリングは人間の精神における人間固有の人間性、責任を伴う自由を行使させ、運命や宿命に抵抗する自由を自覚させ、そこから患者独自の意味を見出させようとするものである。

本体1600円

ADHD（注意欠陥／多動性障害）
町沢静夫

最近の未成年者の犯罪で注目されているADHDについて、90年代以後の内外の研究成果をもとにADHDとは何かにせまる。そして、この病気にいかに対処するか指針を示してくれる。

本体1600円

芸術カウンセリング
近喰ふじ子

芸術カウンセリングとは言語を中心とした心理療法を基本に芸術（絵画、コラージュ、詩、歌）を介したアプローチをしてゆく心理療法のことである。

本体1600円

産業カウンセリング
石田邦雄

産業カウンセリングは運動指導・心理相談・栄養指導・保健指導などの専門スタッフが協力して働く人の心身両面からの健康保持増進を図ろうとするものである。

本体1600円

PTSD ポスト・トラウマティック・カウンセリング
久留一郎

トラウマとは瞬間冷凍された体験だ。それを癒すには凍りついた体験を解凍し、従来の認知的枠組みの中に消化吸収してゆくことだ。

本体1700円

構成的グループ・エンカウンター

片野　智治

いろいろな集中的グループ体験のことである。他者とのふれあいを通してある特定の感情、思考、行動のとらわれなどから自分自身を解放し、人間的成長を目標としているのである

本体1700円

家族療法的カウンセリング

亀口　憲治

家族を単に個人の寄せ集めと考えない。むしろ複数の家族成員と同席で面接を行うことによって、互いの関係を直接確認できる。その結果、家族関係をひとつのまとまりのある「心理系」として理解する見方が定着、その見方を基にして、問題の解決へ向けた具体的な援助技法が生み出されてきた。

本体1800円

間主観カウンセリング

伊藤　隆二

本書は長年臨床心理学にたずさわってきた著者が身をもって体験してきた結果得た知識を基にして、現代心理学のゆきづまりを打破すべく鋭くその欠点を批判し、その結果、新たな心理学の確立をめざそうとする意欲的な心理学書である。

本体1800円

人生福祉カウンセリング

杉本　一義

カウンセラーと、クライアントは一つの出会いによって人生の道連れとなり、共に歩いてゆくのである。本書は、人間が人間として生きる上で最も重要な人間性の活性化と充足を助ける幸福援助学である。

本体1900円

ZEN心理療法

安藤　治

この療法は科学的、合理的、論理的検討の潜りぬけ、もはや宗教的修行ではない、日常生活のなかに「気づき」の機会を自分にあたえることができよう。

本体1900円

自殺予防カウンセリング

藤原　俊通
高橋　祥友

絶望的な感情を誰かに打ち明けようとしている「孤独の魂の叫び」を受け止められれば自殺予防が可能なのです。

本体1700円